Lore Dardanello

100 Orações
para quem não sabe como rezar

EDITORA
AVE-MARIA

© 2004 Effatà Editrice
ISBN: 88-7402-198-4

Em língua portuguesa:
© 2007 by Editora Ave-Maria. All rights reserved.
Rua Martim Francisco, 636 – 01226-000 São Paulo, SP – Brasil
Tel.: (11) 3823-1060/3826-6111 • Fax: (11) 3825-4674
Televendas: 0800-7730 456
editorial@avemaria.com.br • comercial@avemaria.com.br
www.avemaria.com.br

ISBN: 978-85-276-1139-2

Printed in Brazil – Impresso no Brasil

2. ed. – 2007

Título original: *100 preghire per chi non sa pregare*
Tradução: Prof. Mário Gonçalves

Dados Internacionais de Catalogação na Publicação (CIP)
(Câmara Brasileira do Livro, SP, Brasil)

Darnello Tosi, Lore
100 orações para quem não sabe como rezar / Lore Dardanello Tosi; [tradução Mário Gonçalves]. – São Paulo: Editora Ave-Maria, 2007.

Título original: 100 Preguiere per chi non sa pregare

ISBN 978-85-276-1139-2

1. Orações 2. Vida cristã I. Título.

| 07-1222 | CDD-242 |

Índice para catálogo sistemático:
1. Orações: Cristianismo   242

Coordenador-Presidente: Ir. Hely Vaz Diniz
Coordenador Administrativo: Pe. Luiz Claudemir Botteon
Coordenador Editorial: Pe. Luís Erlin Gomes Gordo
Gerente Editorial: Silvia Regina Villalta
Preparação e Revisão: Marcia Alves dos Santos
Diagramação: Carlos Eduardo P. de Sousa
Produção Gráfica: José Roberto P. de Sousa e Maycon Robinson de Almeida

Índice

Apresentação (Piero Gribaudi) 5

Amor 7
Atenção 12
Fé 17
Felicidade 21
Fraternidade 26
Generosidade 31
Liberdade 35
Maternidade 40
Morte 44
Medo 48
Perdão 53
Pobreza 58
Oração 62
Riqueza 66
Reconhecimento 70
Simplicidade 75
Sofrimento 79
Solidão 84
Esperança 88
Tempo 92

Apresentação

Há três modos de se escreverem orações: pelo recurso a normas tradicionais; pelo livre correr da caneta no papel, segundo o impulso da fantasia e do coração; pela criação oral ou mental, livre e espontânea. A autora destas páginas optou pela terceira forma, a menos comum e a mais difícil, mas também aquela que produz, em quem reza, os melhores frutos. Se o leitor, porém, não descobrir uma maneira de servir-se concretamente deste texto, para transformá-lo em sua própria oração, – oração pessoal –, poderá, certamente, experimentar que está sendo envolvido profunda e extensamente em sua autenticidade espiritual.

Há muitas orações que não têm autenticidade espiritual nenhuma, inclusive as que se encontram em diversos "pequenos missais litúrgicos". A verdadeira oração, defina-se como se quiser, sempre produz uma vibração especial que, de imediato, expressa o inexprimível e o mergulha no Mistério, como se o estivesse reclamando numa atitude esotérica. Por isso, muitas de nossas invocações, súplicas, pedidos, atos de fé... são estéreis não só quanto ao efeito externo, mas também quanto aos frutos interiores. Não têm fundamento espiritual, não proporcionam inspiração e sobretudo a espontaneidade que é, ao mesmo tempo, dom de Deus e resposta da alma. Quanto às orações deste livro, pelo fato de nascerem *ab interiore* e também escritas com alegria, são absolutamente espontâneas e se tornam profundamente produtivas; o que não significa "alcançar um favor de Deus", mas, sobretudo, a transformação e a mudança interiores.

As suas múltiplas modalidades não prejudicam esse resultado, que é o mais real e tangível para o ser humano. Ao contrário, a multiplicidade das situações, dos estados d'alma, das ocasiões, das quais nascem estes textos, fortificam a alma, transformam-na e a trabalham de dentro para fora. Por isso, uma simples leitura sua será um excelente reforço da "obra de Deus em nós".

Tive oportunidade de seguir pessoalmente e de perto, não só como editor, mas principalmente como amigo, o lento e empenhado envolvimento de mulher e de crente da autora. Por tudo o que tenho visto e observado, declaro poucas vezes ter experimentado, como nesta obra, um crescimento espiritual tão fecundo, tão equilibrado e tão generoso. Minha alegria e minha convicção ao aconselhar entusiasticamente a leitura deste livro são, portanto, particularmente sinceras e cheias de esperança.

Lorenza Dardanello não ousa ser mestra espiritual: simplesmente o é como pode ser cada um de nós, se viver profundamente a realidade humana e espiritual. O seu dom, se acolhido, pode enriquecer o nosso encontro com outros irmãos e irmãs na fé e na esperança.

Piero Gribaudi

À minha filha Alessandra e a Pino

Amor

1 "Ama o teu próximo como a ti mesmo."
Se por "próximo", Senhor, entendes os que me são caros,
então os amo, sim, não resta dúvida:
atirar-me-ei ao fogo por eles.
Se assim não for, a situação torna-se difícil.
Os meus vizinhos? Alguns me são simpáticos,
mas daí a amá-los...
As pessoas que encontro? E quem as conhece?
Como posso amar alguém que não conheço?
Não te parece, Senhor, que me pedes demais?
Amar é empenhar-se. Amar significa dar tudo.
Como seria possível dar tudo a todos?
Não me restaria mais tempo.
Não me restaria mais força.
Não me restaria mais paz.
Mas tu me pedes que ame o próximo
"como a mim mesmo".
Eu me amo? Às vezes, não. Às vezes, muito pouco.
Às vezes, mal.
Eis que agora, talvez, se torne possível amar os outros:
basta experimentar fazê-lo.

Basta experimentar entrar em sua pele
e reconhecer a mim mesma na sua fraqueza,
em sua insegurança e fragilidade.
Este, talvez, seja o segredo para amar o próximo:
meter-me, simplesmente, em sua pele.
Nessa transparência me
espelharei e não poderei deixar de experimentar ternura:
a mesma que terei para comigo.
Amaria talvez bem pouco, amaria mal, mas amaria,
no fundo, não menos do que a mim mesma.

2

Desejo a felicidade de quem vive a meu lado?
Desejar felicidade para si mesmo significa ficar infeliz
se o outro também fica feliz e alegrar-me
com sua alegria, mesmo quando ela
implica uma renúncia minha.
Mas assim só se amam os filhos! sim, infelizmente...
Não obstante, que é o amor,
senão desejar a felicidade ao outro?
Todas as vezes que a coloco em segundo plano
com relação à minha, não amo.
Que sinto ao dizer: "eu te amo à minha maneira" ou:
"não me amas suficientemente?"
A verdade é que, no primeiro caso,
eu te amo quando me convém; no segundo,
não me amas totalmente.
Então, onde está o amor?
Posso dizer que te amo somente
quando estás acima de mim:
condição necessária para a minha felicidade.

Tu podes dizer que me amas só
quando eu estiver acima de ti:
condição necessária à tua felicidade.
O resto é ilusório.
Senhor, ilumina meu coração,
a fim de que eu saiba reconhecer
o que é o amor e o que não é o amor.

3

Vivo com uma pessoa que não amo.
Eu a escolhi e me enganei.
Levei uma vida inteira para descobrir:
agora não tenho mais dúvida.
Eu sei, é fácil dizer: repare o erro. Não posso.
Embora estorvando-nos,
um ao outro, construímos juntos.
Nossa obra nos pertence e é indivisível.
Caí numa armadilha. Das armadilhas, porém,
é sempre bom fugir, mesmo que seja para deixar
para trás algo de nós mesmos.
Como?
Senhor, ilumina-me.
Ensina-me o sacrifício, ensina-me a renúncia,
mas também a coerência e a dignidade.
Estou pronta a pagar o preço do meu erro,
mas não estou pronta para fazê-lo pagar a outros.
Mostra-me, Senhor, um caminho que se possa percorrer,
sem atropelar ninguém, nem destruir o que já foi feito.
E se isso for impossível, então, ajuda-me,
Senhor, a aceitar o meu erro.
Abri diante de mim um novo horizonte,
no qual se torne possível amar além do sofrimento,

além da humilhação e da solidão. No qual, ainda,
seja possível amar.

4 Por todos os homens e mulheres que ficam sozinhos
após uma vida vivida lado a lado de seu companheiro
ou da sua companheira, Senhor, te peço.
Sobretudo, porém, pelas mulheres abandonadas
por seus maridos ou separadas para sempre pela morte:
por elas te peço particularmente, Senhor,
a fim de que as mulheres tenham uma
relação especial com sua casa e com quem nela mora.
Uma casa destruída é uma vida perdida.
A todas essas mulheres vazias, cansadas,
insensíveis à dor, oferece, Senhor,
uma nova razão de viver: mais uma ocasião para doar.
Porque doar é sua meta, doar é sua missão,
dar é seu sonho.
Dá-lhes, Senhor,
uma oportunidade clara que as toque profundamente
e saiba tirá-las para fora pela tenebrosa
porta da ausência.
Oferece, Senhor, um motivo novo, atraente,
irrenunciável, que as faça vicejar mais uma vez
num fermento de amor.

5 Nesta tarde cinzenta de cidade,
sem árvores e sem céu,
uma tristeza angustiante toma conta de mim,
por todos aqueles que amei e não

mais existem. Revejo seus rostos, um a um,
e com voz alta profiro seus nomes. Cada nome,
uma imagem. Cada imagem, uma lembrança.
As sombras da noite descem lentamente
e penetram em minha alma, tornando
mais aguda a saudade. Onde estão os meus amigos?
Numa terra que ainda não conheço,
num lugar sobre o qual nada sei. Dize-me:
será que tudo é amor no céu?
Será que encontrarei tudo o que dei
e o que não soube dar,
tudo o que recebi e o que me foi negado?
Reencontrarei o amor em todas as suas formas,
intato, denso, profundo como teria desejado vivê-lo?
Senhor, dá-me um sinal de que nada, aqui e agora,
tem importância, comparado àquilo que
me espera quando os alcançar.
Dá-me um sinal de que só lá onde eles
me esperam a minha vida se realizará e terá sentido.
Dá-me um sinal de que o amor, realmente,
é incorruptível e que vive além de mim.

Atenção

6 Que estranha civilização a de hoje! Valoriza, aumenta,
alimenta somente o que se vê,
ignorando completamente o nosso lado oculto.
Que se vê? Tudo o que flutua, sem raízes, superficialmente.
A beleza, antes de tudo, esquecendo-se de que
ela é assim só quando é inconcebível.
A fachada das relações humanas,
porque não as aprofundando é mais fácil ignorar
a responsabilidade. A exterioridade em geral,
que, sendo diferente do que se vê,
não causa medo, nem mal.
Senhor, livra-me da tentação da facilidade,
da superficialidade e da imediaticidade.
Faz-me lembrar que por trás de todo olhar vibra
uma alma; que a fonte das palavras é o coração;
que a pele que cobre meu corpo é uma proteção
e não uma provocação.
Faz-me lembrar de que um móvel foi uma árvore,
que a minha comida foi algo vivo,
que toda estação mede a vida.

Faze-me lembrar, sobretudo,
de que o que aprendi é sempre nascido do sofrimento.
Coloca a minha atenção, Senhor,
na vertical da minha alma: da superfície à profundidade.

7

Tu falas comigo e eu não te escuto:
metade de minha atenção é para mim.
Sigo o fio dos meus pensamentos
e só de quando em quando, enquanto falas,
eu me ligo aos teus: o necessário para compreender
até que ponto me interessam.
Tu falas de teus problemas.
Mas eu tenho os meus,
que rugem dentro de mim e me desencaminham.
E depois, ainda que estivesse a ouvir-te
como tu querias, que poderia fazer por ti?
Poderia talvez encontrar a solução que não
consegues descobrir?
Por isso, tu falas comigo e eu não te ouço.
Entre ti e mim está a barreira do meu desinteresse.
Mas, assim, tu não serás jamais meu irmão.
Continuarei estranho e nenhuma mudança
surgirá entre nós! Nenhuma mudança...
Portanto, quando precisar de ti, tu não estarás presente.
Senhor, guia a minha atenção.
Ensina-me a olhar para o outro enquanto o vejo.
A voltar-me para ele inteiramente,
pronta a dedicar-me a ele – meu irmão – a servi-lo,
a ajudá-lo, a ouvi-lo. Pronta a acolhê-lo.
Porque este é o meu dever: ser pelos outros.
E esta é a minha esperança: que
os outros sejam por mim.

8

Tenho uma arma que não conheço.
Não sou tão ignorante a ponto de usá-la sem atenção,
com desenvoltura, como se lhe tivesse a trava.
Aponto-a para a direita e para a esquerda,
inconsciente e rápido.
Golpeio, firo, às vezes, sem mais,
eu mato, e não me dou conta.
A arma é a minha língua.
Cortante, afiada, impiedosa,
minha língua transfixa sem
dar-se conta disso e espalha o mal à minha volta.
É difícil controlá-la:
ofende muitas vezes sem me dar tempo de pensar.
Peço-te o seguinte, Senhor: torna-me consciente.
Se é tão difícil dominar minha língua,
faze pelo menos com que eu me dê conta
do dano que causo.
Reconhecendo-o, serei mais atenciosa(o).
Dá-me uma língua afiada, Senhor,
somente se antes aprender a subordiná-la
ao cérebro e a mergulhá-la no coração.

9

Tira de mim, Senhor, o comodismo.
Em seu nome, cometo as falhas mais imperdoáveis.
Pelo amor ao sossego fico na superfície das coisas,
porque aprofundá-las significaria guerra.
Sim: guerra. Tu mesmo, disseste: não vim trazer a paz?
Aprofundar as coisas quer dizer descer até seu coração
e descobrir-lhe o verdadeiro rosto.
Conscientizar-se e agir com consciência,

significa dar atenção autêntica a quem está a meu lado.
Tudo isso custa muito. Tudo isso comporta, às vezes,
revolucionar a própria vida. Ou a vida de outrem.
Ao invés eu, por amor ao comodismo, não levanto vôo.
Não aprofundo, não mudo, não revoluciono.
Não vivo.
E lentamente, dia após dia, torno-me árido.
Senhor, tira-me das costas a hipocrisia do amor
ao comodismo e dá-me por sua vez a verdadeira paz:
a da consciência, a do coração.
Dirige minha atenção para a minha verdadeira tarefa
e ajuda-me a resolvê-la em profundidade.

10

Queria ter o dom da multiplicação dos pães e peixes,
e assim saciar todos os que têm fome.
Queria ligar a TV e ouvir a inesperada notícia
de que ninguém mais tem fome, ninguém mais tem frio,
ninguém mais tem medo, ninguém mais é prisioneiro.
Queria ter uma varinha mágica e transformar
o inferno em paraíso.
Queria que o sofrimento desaparecesse,
a dor e a doença...
Queria, queria...
Senhor, faze com que deseje algo menor.
Mas ilumina o que está à minha volta:
a solidão de um idoso, que poderei aliviar, ouvindo-o;
a depressão de uma mulher à qual possa dar remédios;
o silêncio de alguém de minha família,
que poderia ocultar uma incompreensão.
Conduz minha atenção, Senhor,

do que está longe de mim e pelo qual
nada posso fazer de concreto,
ao que me está próximo, aqui e agora,
e que espera algo de mim.
Só assim descobrirei que tenho realmente
o poder de transformar
um inferno em paraíso.

Fé

1
Creio em ti, Senhor, meu Criador.
Creio que me quiseste criar por motivos que desconheço.
Creio que me incutiste as perguntas fundamentais
porque sabeis que elas têm resposta.
Creio que me dotaste de consciência para ensinar-me
que o mal e o bem não são a mesma coisa.
Senhor, creio na minha pequenez e,
ao mesmo tempo, na minha grandeza.
Creio na minha humanidade
e no que de divino existe em mim.
Creio, Senhor, no que não sei.
Peço-te: torna-me sempre consciente da minha
ignorância, e que sempre seja reconhecida.
Semeia o teu Mistério em mim
e faze com que deite raízes e rebentos de tua sabedoria.

2
Senhor, preciso voltar-me para ti.
Chamo-te Deus, mas talvez não tenha importância
o nome que te dê: volto-me
a quem me colocou aqui,

neste planeta desconhecido,
e não me revelou o porquê disso.
Volto-me a quem guarda o segredo da minha vida.
Volto-me para ti: o Mistério.
Volto-me para ti, Senhor-sem-nome,
porque reconheço em ti a esperança.
Porque em ti coloco a minha confiança.
Porque só em ti encontro repouso.
Volto-me para ti para interromper o silêncio
insuportável da minha solidão.
Sem ti, o mundo perde o colorido e nada mais tem sentido:
nem as plantas, nem os animais, nem a minha própria vida.
Sem ti, o mundo perde sua maravilha e nada mais é milagre.
Sem ti, a vida se exaure e não me é mais possível
renascer na minha morte.
Meu Deus, faze com que a necessidade
de voltar-se para ti não me deixe nunca.

13

Eu sei que não é esta vida que conta.
Sei que não possuo algumas coisas,
mas as tenho para uso provisório.
Sei que as pessoas não me pertencem,
mas tenho a sua companhia passageira.
Sei que não andarei nu(a) como nasci.
Sei que toda preocupação,
angústia e medo são relativos,
porque tudo se resolve, tudo se supera, tudo acaba.
Eu sei que a verdadeira vida se encontra noutro lugar,
enquanto esta dura um instante e não tem raízes,
nem futuro. Todas estas coisas eu sei.
Por que então, Senhor,
não me conformo por perder os que amo?

Pois basta pensar que um dia serei obrigada a
separar-me deles por me faltar o ar, por me ferir a morte?
Contudo, bem sei que os reverei,
porque o amor não termina aqui,
mas vai muito além da morte.
Bem sei que o tempo, lá onde andarei,
não terá mais importância e nos encontraremos todos,
inundados por uma densidade de amor
aqui na terra desconhecida e impossível.
Que devo fazer para obter o conhecimento *real*
da caducidade da vida?
Esse passo seria a fé? Quem sabe?

14

Preciso de alguém em quem agarrar-me
quando estou para cair:
alguém que me abra os braços e me segure.
Preciso de alguém a quem fazer perguntas:
de alguém que me garanta que existem respostas.
Preciso de alguém que reconheça o meu sofrimento:
de alguém que lhe dê um sentido.
Preciso de alguém a quem confiar minhas lágrimas:
de alguém que saiba entendê-las e consolá-las.
Mas tenho também necessidade de alguém
que acolha a minha alegria:
de alguém a quem possa dizer: "Obrigada!"
Preciso, sobretudo, de alguém que deseje
a minha felicidade e me mostre o caminho da inocência:
a única que a ti conduz.
Ó Senhor, tu és esse alguém e em ti me refugio
e obtenho força.

15

Qual seria a casa donde procedo?
Como seria a minha casa... Não me lembro de nada,
não sei de nada. Encontro-me aqui,
de uma hora para outra, sem o saber,
e tive de aprender a estranha realidade deste mundo.
Árvores, céu, mar e toda espécie de seres vivos
e este corpo que me encerra,
a luz do sol e a escuridão inquietante da noite,
pontilhada de estrelas como uma esperança.
Uma mente agitada,
dois olhos abertos com os quais me debruço à janela,
ávida de conhecimento, um coração apaixonado
e uma alma tão ilimitada que requer
contínua alimentação.
Tens com que espantar-te, entusiasmar-te, perder-te...
Minha casa, porém, onde fica?
Às vezes, cansada da labuta da vida,
tenho saudade dela.
És tu, Senhor, que me dás a paciência de esperar,
que me dás a confiança de encontrá-la.
Tu és a lembrança do que inconscientemente fui.
Tu és a promessa do que serei.
Neste misterioso presente,
vivido na cegueira de uma pergunta,
tu és a minha resposta,
Senhor.

Felicidade

16 Milhões de anos se passaram para que,
geração após geração,
a seleção natural chegasse até mim.
Sou um fruto precioso. Meu sangue, meus ossos,
meu cérebro, minha alma:
um complexo misterioso de circunstâncias
– não casual – que, téssera após téssera,
concatenaram-se e se misturaram
num só ser extraordinário: eu,
quem sou, pois, eu? Um mistério.
Que sou, senão um milagre?
Foi-me reservado este lugar, neste exato momento:
tenho uma vida inteira para descobrir o motivo disso tudo.
Neste sentido devo mover as minhas ações;
neste momento devo fazer crescer minha alma.
Senhor, saberei agradecer-te suficientemente
por me teres escolhido para a vida?
Entre milhões de seres, fui a predestinado(a).
Que posso fazer de teu dom, para provar-te meu
reconhecimento?

Não me resta senão procurar ser feliz,
pois é a felicidade que quereis para mim:
milhões de anos para chegar até mim;
não merecemos, de fato, senão a felicidade.
Mas há uma única felicidade possível ao homem:
a que nasce da *partilha*, da *participação*, da *compaixão*.
Da generosidade da interdependência universal.
Pois, nenhum outro senão este poderá ser o meu
agradecimento, Senhor: a busca da felicidade.

17

Se uma oração minha, uma só, pudesse ser ouvida,
então, Senhor, eu saberia o que te pedir...
Deveria tratar-se de uma oração racional,
porque uma oração ouvida
não é necessariamente um milagre.
Poderei perguntar-te, sim,
pela saúde de todos os que me são caros,
mas sei que não é possível,
porque envelhecem igualmente eles e também eles,
num dia distante, morrerão.
Poderei pedir-te a segurança econômica,
mas sei que não me tereis jamais por bastante rica
para dar suficientemente.
E depois, tu não levas muito em conta o dinheiro...
Poderei pedir-te, uma vida bem longa,
que me permita fazer muitas coisas,
distribuir muito amor. Mas
não: vive-se até cem anos,
tempo que seria ainda muito curto para mim.
Sei o que pedir-te...
Se tu pudesses escutar-me uma vez – uma única vez –,
eu te pediria a felicidade.

A felicidade? Sim, mas não a minha.
Pedir-te-ia que me tornasses capaz – de tornar-me digna
– de encontrar e realizar a felicidade de outrem.
Quem? Escolhe tu, Senhor: não tenho preferências.
Basta-me poder fazê-lo:
só através da felicidade de outrem,
me é possível alcançar a minha.

18

Se conseguisse pelo menos colocar
meu interior em ordem!
Bastaria vencer a preguiça,
entrar em meu interior e encontrar a coragem
de ter os olhos abertos...
Sim, por que o que é íntimo, nas dobras de minha alma,
nem sempre é agradável à vista:
descobrem-se traições inconfessáveis,
pequenas mesquinharias, mentiras...
Lá, cruzam-se todos os caminhos fáceis que escolhi,
os quais, sem exceção, terminam no deserto.
Que conseguisses trazer tudo para a superfície
e mandar embora como poeira ao sol!
Lá em baixo esconde-se a parte na minha sombra,
aquela sobre a qual, em segredo, tenho vergonha.
Lá em baixo há algo que me corrói como veneno sutil,
distilado gota a gota.
Conseguisse lavá-lo, soltá-lo, enxugá-lo!
Queria uma alma linda.
Queria transparência, simplicidade, inocência.
Senhor, se apenas conseguisse,
com teu auxílio, purificar-me!
Que sobraria de mim senão felicidade para sempre?

19

Estou colocando o macarrão na água fervente.
Uma olhada no relógio, uma mexida com o garfo grande,
e, nesse ínterim o molho acaba de esquentar.
É preciso acrescentar uma pitada de sal,
uma gota de óleo.
Mas o telefone toca e eu atendo: pede-se-me atenção.
Que fazer? A voz, na outra extremidade do fio,
ecoa dolorosa e perturbada.
Precisa explicar, desabafar. E o macarrão?
Queimará. O molho? Ferverá.
Mas escuto. Primeiro, com um pouco de atenção:
mais três minutos e devo coar...
Depois, num único movimento, desligo o gás.
Queima, contudo, o macarrão, esfria o molho:
algo de mais importância me chama.
Escuto e me identifico. Estou eu, agora,
no lugar de outro e sofro.
Somente agora, como um rio em plena cheia,
saem do meu coração as palavras.
Profiro-as com paixão, ofereço-as em sacrifício.
Um suspiro de alívio,
da outra extremidade do fio,
procede um "obrigado!"
que me aviva a alma.
Que importância têm, a estas alturas, o macarrão,
o molho, a pontualidade?
Comer-se-á mais tarde. É difícil?
Mas eu me sinto leve, simples e contente.
Como se chama ela senão felicidade?
Senhor, permite-me reconhecer o teu caminho
– o da alegria – a qualquer momento.

20

O sofrimento do mundo me toca de leve, fugindo.
O peso da idade, o vazio da solidão, a dor da perda,
a angústia da guerra: que são?
Não os conheço.
Sinto-me jovem, tenho o coração quente.
Ah, sei muito bem que, mais dia menos dia,
tocará também a mim, mas não me atormentes agora.
Não me perturbes ainda. Deixa completa a minha alegria,
limpa a minha esperança,
excitante a aventura de minha vida.
Não abafes o meu entusiasmo,
nem diminuas minha exaltação:
o tempo nos julgará, naturalmente.
Agora, para mim, é o momento da felicidade.
Amanhã, amanhã saberei... não agora: não ainda.
Senhor, ensina-me a ser feliz na infelicidade do mundo:
sem sentimento de culpa.
Ensina-me a acolher a alegria livre, honesta,
de um coração inocente.
Ensina-me a acolher a inesperada oportunidade
da vida como um dom a descobrir
e a saborear e com a qual,
apaixonadamente, inebriar-me.
Ensina-me a aderir à vida com tudo o que sou,
absolutamente fiel à realidade, mesmo quando ela
pretender uma plena, total, inexplicável e
felicidade efêmera.

Fraternidade

21 Mas, Senhor, é tão simples!
Todas as vezes que magôo e machuco alguém,
isso volta-se contra mim. Não seria, quem sabe,
verdade que conservo uma lembrança amarga disso,
um efeito de desgosto contra mim mesma?
Não seria isso talvez um sinal da tua presença em mim?
Não seria, quem sabe, um indício de tua vontade?
Que experimento, ao contrário,
quando me ofereço a mim mesma aos outros?
Quando renuncio algo de mim, quando realizo
um esforço dirigido a um bem-estar que não é o meu?
Dentro de mim, algo se abre e eu me sinto,
de repente, fecunda e generosa como o pão que cresce.
Pode nada significar?
Todo comportamento negativo acarreta dor e sofrimento,
todo comportamento positivo acarreta felicidade.
Está, portanto, profundamente dentro de mim
a lei da fraternidade: mostra aos meus olhos
todo dia cada vez mais, Senhor,

a descobri-la diante de mim no seu sentido mais autêntico.
Assim, basta-me lê-la em mim para sentir-me
levada a obedecer-lhe.

22

Queria que tu, Senhor,
abrisses os caminhos de meu íntimo.
Silenciando interiormente, poderei tomar as medidas
e descobrir uma dimensão diferente
da superfície das coisas.
Então não mais poderei julgar os outros
com tanta facilidade, porque,
consciente de meu próprio íntimo,
compreenderei o outro e o respeitarei.
Queria que tu, Senhor,
abrisses meus olhos para o que está por trás
da aparência. Vendo *além*,
olharei para o outro com olhar diferente:
vê-los-ei na totalidade de sua humanidade,
do outro lado de suas próprias defesas.
Só ternura poderei provar-lhes.
Queria, Senhor,
que me tornasses sensível à fraqueza dos outros,
e assim poderias reconhecê-la
como irmã da minha franqueza.
Como poderei, então,
julgar meu próximo com severidade?
Verei os outros vulneráveis como eu
e despontaria em mim, o impulso de ajudá-los.
Se soubesses descer profundamente, se visses *além*,
se reconhecesses como minha a fragilidade do outro,
somente então, Senhor, poderia esperar encontrar-te.

23

Oh, os bate-papos...
Quando alguém começa a relatar-me a história
de sua vida – como come, que bebe, como dorme,
ou os sintomas de suas doenças ou as características
de seus hábitos – eu tremo interiormente como
um potro selvagem a coicear.
Não menos do que faria a um prisioneiro
ao qual estão para algemar,
debato-me à procura da liberdade perdida.
Ou, talvez o simples fato de voltar-me
para os outros para falar de si é já um consolo...
– equivale a pedir, a quem ouve,
uma participação concreta e solidária.
Só consegue escutar palavras vazias,
por si, sinal de fraternidade. E tu, Senhor,
nos ensinaste que somos todos irmãos...
Ao lembrar-me disso, já me sinto menos preso (a).
E as palavras sem conteúdo das quais
me coloco à escuta me ensinam que muitos
são os caminhos para aliviar
a solidão de quem está a meu lado.

24

Concede-me, Senhor, uma consciência viva.
Uma consciência que me permita levar a sério
os meus deveres. Uma consciência
sensível e severa que me defina, claramente, o limite
que separa o bem do mal.
Concede-me, Senhor,
profundos remorsos todas as vezes
que falto com o meu dever.

Remorsos que mantenham viva
a consciência de meu erro.
Remorsos que me levem a agir
e a remediar enquanto possível.
Concede-me, Senhor, uma rigorosa voz interior,
que não permita jamais confundir o que foi feito
com o que não foi feito.
Uma voz interior que me impossibilite justificativas,
perdões, auto-soluções.
Concede-me, Senhor,
a lucidez para decidir com consciência
entre o bem ou o mal.
Que eu, no meu íntimo,
possa reconhecer quem sou, sem subterfúgios,
em todo momento de minha vida.
Mas concede-me também, Senhor,
a consciência de minha fragilidade,
que me una a meus semelhantes – a meus irmãos –,
os quais percorrem comigo o mesmo caminho.
Concede-me o perdão por minha fraqueza, para que,
reconhecendo-a em mim,
eu aprenda a perdoá-la nos outros.

Senhor, ensina-me a ser compassivo.
Com uma compaixão, porém, verdadeira,
a que incide na carne, no coração.
A compaixão que toca a alma e a faz sangrar.
Ensina-me a sentir a dor dos outros:
que incida em mim como se fosse a minha.
Faze com que eu padeça, para que possa sofrer.

Ensina-me a entrar no íntimo dos outros,
além de suas barreiras,
dos esquemas paternalistas que se erguem
a seu derredor para ocultar-se à dor.
Além das hipocrisias.
Ensina-me a ver o sofrimento de seu coração ferido
e a aproximar-me deles com respeito para curar
suas chagas: só experimentando eu a mesma dor
saberei como purificá-las, como curá-las.
Senhor, ensina-me o amor curador.
O que nasce do sofrimento e se purifica no sofrimento.
O amor que cura, que dá nova vida.
Ensina-me a debruçar-me sobre aquele que sofre,
como uma mãe sobre o filho:
para defendê-lo, para protegê-lo, para sofrer com ele.
Para senti-lo na minha carne e na minha alma
e para compartilhar sua humanidade.
Só assim poderei dizer que *participarei* da vida:
de *fazer parte* dela, indissoluvelmente.

Generosidade

Às vezes queria ser muito rica
para poder ajudar a quem tem necessidade.
Ver desabrochar um sorriso, espalhar a paz e a segurança.
Tu não consegues chegar ao fim do mês
com o teu magro salário?
Olha, de hoje em diante eu te darei,
mês a mês, o que te falta. Perdeste o emprego?
Olha quanto é preciso para viveres
sossegado até encontrar outro?
Tu querias ter uma casa? Pois bem, compro-a para ti.
Como gostaria de mudar a vida dos outros!
Não seria isso presunção? Queria ser Deus?
Senhor, por que teimo em querer dar tanto?
Assim, tenho uma justificativa cômoda para não dar nada.
É mesmo necessário tornar-se muito rica
para ajudar a quem é meu próximo?
Seria mesmo necessário mudar sua vida?
Na verdade, eu já sou muito rica...
Senhor, modifica minha generosidade,
para que ela se torne concreta.

27 Cada vez mais freqüentemente volto os olhos
para outro lado, porque tenho medo.
Se me arrisco em defender os outros,
deverei pagar um preço. Agora,
queria calculá-lo: se for aceitável,
posso apreciar uma intervenção minha;
se for muito caro, procuro defender a mim mesmo(a).
Pois bem, Senhor,
peço-te que me livres da escravidão dos cálculos:
na economia da minha alma não deve
haver lugar para cálculos.
No momento em que alguém precisar de mim,
devo conhecer um único impulso:
dar a mim mesmo(a). Assim como tu,
Senhor, foste dado a nós: sem cálculo e sem medida.
Tira de minha mente os cálculos, Senhor,
e enche meu coração de altruísmo,
para que minha intenção seja pura e meu agir eficaz.
E eu, dando a mim mesma, te receba.

28 E quando escolher uma roupa para uma recepção,
Senhor, torna-me consciente: bastará este.
Escolhê-lo-ei *conscientemente*.
Consciente de que na África uma pessoa usará
a única coisa que possui, uma panela,
para cozer a comida; venderá o que tem
para comprar comida.
Consciente de que um idoso morreu, esta noite, de frio.
Consciente de que uma mãe não sabe
se amanhã poderá alimentar o filho.

Consciente de que alguém, neste exato momento,
alimenta uma luta perdida contra a doença.
Torna-me consciente, Senhor,
não para que meu coração se feche
num sentimento de culpa árido e inútil,
mas para que se abra para conter o sofrimento do mundo.
Não serei mais a mesma, se for consciente.
Sabendo, aproveitarei toda ocasião que tu colocares
em meu caminho. Sabendo, não procurarei fugir dela.
Mas darei de mãos cheias, na alegria, toda vez que tu,
Senhor, me convidares a fazê-lo.
Livra-me do sentimento de culpa quando
também eu for bendita, por aquela mesma alegria.

29

Ninguém jamais ficará sabendo
do sacrifício dos que dão a vida pelos outros.
Às vezes, chega até nós uma notícia isolada:
alguém morreu na tentativa de salvar alguém.
Uma mãe, para salvar o filho, um homem das provisões,
para salvar um personagem público,
um desconhecido, para salvar uma criança.
Sim, a cada momento aparecem notícias.
Mas a suspeição acontece,
por causa daqueles poucos que conhecemos,
muitos outros existem, dos quais nada sabemos:
aqueles que escolhem morrer para que outros vivam.
Como me sinto pequena diante deles!
Eu, que me atiraria ao fogo só pelos meus filhos...
Se tivesse um grama de sua coragem,
uma migalha de sua generosidade!
Abre meu coração, Senhor!

Torna-me semelhante àqueles que não conhecem limites,
enquanto eu sem cessar me prendo aos meus,
calculando *quanto* e *até* onde posso dar.
Desata as cadeias do meu egoísmo,
para que possa voar livre ao encontro dos outros.
Sim, mesmo a custo da vida.

30

Como poderei ser generoso(a)
sem necessariamente confiar em ti, Senhor?
Às vezes, minha generosidade é penosa:
não é fácil abrir a mente e evitar o cálculo,
não é fácil abrir o coração sem medo.
Conserva o que é "meu".
Dar significa separar-me do que é meu.
Significa renunciar a uma segurança
para transferi-la a outros.
Dar quer, pois, dizer substituir
uma certeza transitória por outra definitiva: a tua.
A generosidade absoluta é uma vertigem,
um salto no vazio, uma entrega total.
Agora, como é possível entregar-me totalmente
sem saber que às minhas costas
estás tu a sustentar-me?
Abre, pois, teus braços, Senhor,
para que assim eu possa voar para ti,
abrindo-me aos outros.

Liberdade

31 Tenho uma grande riqueza da qual
não sou consciente: a liberdade.
Sou um ser humano livre para escolher.
Somente eu resolvo o que fazer, onde ir e com quem.
Resolvo olhar ou não olhar,
escutar ou não escutar, comprar ou não comprar,
ler ou não ler, auxiliar ou não auxiliar.
Às vezes, não obstante isso, sinto-me prisioneiro(a),
significa que eu mesmo(a) me fechei numa jaula.
E quem sabe descontado tudo isso?
No mundo – na África e na Ásia –
milhões de pessoas não conhecem esta liberdade.
Escolheram obrigadas,
sofrem a tortura, sofrem a morte.
Por esses homens oprimidos,
por essa multidão sem liberdade, eu te peço, Senhor.
Por todos os homens humilhados na sua dignidade,
por todas as mulheres violentadas,
por todas as crianças mutiladas, eu te peço, Senhor.

Pela fome que os consome,
pelo frio que os debilita,
pelo medo que os emudece e pelo silêncio
que os torna isolados, eu te peço,
Senhor: ilumina seus tiranos.

32

Sou uma pessoa livre:
livre para expressar meu pensamento.
Consciente deste privilégio, eu te peço,
Senhor, por todos os escravos.
Peço-te por todos os homens e mulheres
oprimidos por regimes totalitários:
homens e mulheres aos quais é proibido escolher;
homens e mulheres que não podem expressar
o seu pensamento, obrigados a ficar calados
mesmo em família, pois temem
a simples delação dos seus próprios filhos.
Peço-te, Senhor,
pelas mulheres que chegam a nosso país certas
de encontrar uma vida melhor e encontram,
ao contrário, a escravidão.
Por cada uma delas te peço, Senhor.
Peço-te por todos os jovens que fogem à droga e
não se tornam escravos dela.
Por todos aqueles aos quais a vida amedronta
e que buscam refúgio nos braços de seu carrasco.
Peço-te por todos aqueles
que perderam a responsabilidade sobre sua vida
e renunciaram à própria dignidade,
à própria humanidade: aqueles que permitiram ao álcool,

ao jogo, aos mais baixos instintos
que se tornassem seus senhores.
Peço-te por eles, Senhor,
pois são teus filhos mais fracos.
Dá-lhes força e coloca um raio de tua luz em sua vida.

33

Senhor, livra-me da tentação das coisas fáceis.
Para onde quer que eu vá,
tudo o que me rodeia convida-me à facilidade.
Tudo trabalha por mim,
diverte-se por mim, pensa por mim.
Ao invés de realizar minhas atividades
destruo alguém que age.
A TV pratica esporte por mim e canta,
dança e ri por mim.
Não tenho necessidade de procurar:
tudo me é oferecido em domicílio.
A cada passo, sou induzido(a) à passividade.
Não calculo, não relato, não invento, não arrisco:
nada mais tenho a descobrir.
Senhor, quero pensar.
Senhor, quero escolher.
Senhor, quero agir.
Recuso-me a renunciar ao uso de minha mente
e a ter um coração que a inspire.
Recuso-me a ficar a olhar na imobilidade.
Quero o desconforto da iniciativa, quero
o compromisso da ação. Quero assumir
a responsabilidade da minha vida,
sem que outros me levem a isso.
Dá-me essa força, Senhor. Concede-me essa liberdade.

34

Se pudesse sozinho(a) vencer a mina indolência!
Estou entusiasmado(a) por boas intenções,
vejo sem véus as coisas que não andam
e não percebo seus remédios,
mas quando chegará o momento de fazer, recuso.
Amanhã, amanhã... Agir é cansativo,
tomar iniciativas, agitar as águas.
É preciso nadar um pouco contra a corrente,
o que é incômodo.
É preciso encarar vontades contrárias,
e é cansativo. Todavia,
bem sei que todas as vezes que digo
amanhã é como se dissesse nunca.
Assim os prejuízos não têm concerto,
as incompreensões gangrenam,
os equívocos se tornam cada vez mais confusos
e mil fantasmas tomam vulto
ao atormentar minha consciência.
Oh, se pelo menos vencesse minha preguiça!
Se conseguisse libertar-me
dos laços que me prendem no momento de correr
ao encontro dos outros!
Dá-me um ânimo puro,
Senhor. Livra-o dos empecilhos
da minha inércia e torna-o livre e disponível,
transparente e trabalhador.
Dá-me um coração ativo, pronto a entregar-se
sempre ao trabalho, a reparar,
a aliviar, a consolar.
Acaba com minha lentidão, sacode meu torpor:
dá-me um corpo eficiente e um coração vivo.

35

O mundo está fora de mim.
Manifesto-me, ao mundo, por meio dos olhos.
Por intermédio dos sentidos comunico-me
com as pessoas e as coisas.
Mas eu, onde estou?
Eu estou dentro de mim,
unida ao corpo, meu instrumento.
Não sou prisioneira.
E todas as vezes que quiser voar,
desligar-me desta terra enfadonha
e embaraçante, não posso.
Não posso planar no ar como queria,
não posso ser outra senão eu mesma:
nem planta, nem peixe, nem passarinho,
nem pedra, nem sol. Não posso ser água, nem luz.
Nem música, nem cor.
Senhor, agradeço-te,
porque um dia será possível libertar-me de meu corpo
e nada mais se interporá entre mim e ti.
Finalmente ágil,
finalmente livre, eu te alcançarei.

Maternidade

Pequeno, um mundo novo está para te ser oferecido.
Quando, após ter combatido comigo – tua mãe –
a cansativa e gloriosa batalha do nascimento,
começarei a tocá-lo, vê-lo, senti-lo – sons,
vozes, cores, movimento...
– agora viverei o mundo como se fosse tua medida.
Com o tempo o crerei.
Até que o sofrimento, aos poucos,
te dê limites, impor-te-á duríssimas
e inelutáveis normas, humilhar-te-á.
Conhecerás o mal e deverás vencê-lo,
procurando manter pura a tua inocência.
Encontrarás a solidão e deverás superá-la sem desanimar.
Serás dominado pela fraqueza e deverás superá-la
e transformá-la em força através da vontade.
Cairás e deverás levantar-te com tuas próprias forças.
Senhor, aguça minha inteligência,
a fim de que saiba assumir sobre mim a dimensão nova
do sofrimento de meu pequeno,
quando ela for necessária.

Senhor, dá-me a força para não procurar, de modo vão,
afastá-lo de tua vontade.
E inspira-me a fim de que saiba ajudá-lo
a reconhecer os limites de sua humanidade.

37

Como é difícil ser pai ou ser mãe!
Não basta amar: é necessário também entender.
Mas nem sempre o justo caminho a seguir
é claramente traçado diante de mim.
Ele é muitas vezes incerto e confuso,
e eu me encontro parado numa bifurcação,
sem saber que rumo tomar.
E algumas vezes, infelizmente,
sou tentada a escolher o caminho mais fácil.
Senhor, dá-me força para dizer "não",
mesmo que isso me cause desconforto e esforço.
Mas dá-me também a coragem de dizer-lhe "sim",
quando isso se torna indispensável
para abrir-lhe as portas da experiência.
Dá-me essa mesma coragem,
ainda que me cause ansiedade e incerteza.
Abre minha cabeça,
Senhor, a fim de que eu saiba aceitar
que o bem de meu filho passa necessariamente
pela minha fadiga e pela minha inquietação.

38

Senhor, protege meus filhos.
Sei que no mundo existem guerras devastadoras
e impiedosas, e eu deverei pedir por milhões de vítimas.
Mas tu, Senhor, protege meus filhos.

Conheço pessoas feridas pela desventura,
que levam uma vida sem esperança,
e eu que sei deverei rezar por elas.
Mas tu, Senhor, protege meus filhos.
À minha volta o mundo esboroa,
os valores desaparecem,
não se acredita em mais nada.
Por isso, deverei rezar. Mas tu,
Senhor, protege meus filhos.
Protege-os, Senhor, além da dor do mundo,
porque eles são o meu futuro, nosso futuro.
Protege-os porque nos deste e me ensinaste a amá-los.
Dá-lhes uma alma partícipe e torna-a
sensível ao sofrimento dos outros,
e que a sua própria vida se transforme em oração.

39

Falo de uma criança desaparecida
e nunca mais reencontrada.
Senhor, meu filho não!
Falo de jovens que se suicidam por causa
da velocidade de sábado à tarde.
Não, não, Senhor, meu filho não!
Falo de acidentes de moto,
acidentes nos quais morrem jovens.
Senhor, meu filho não!
Falo de jovens que se condenam por crimes imperdoáveis.
Não meu filho, Senhor, não ele!
Falo de jovens que perdem sua vida nas drogas.
Senhor, meu filho não!
Meu filho não, Senhor!

Tu mesmo colocaste em mim esse amor exclusivo:
não me é possível livrar-me dele.
Por isso, além de toda lógica,
além de toda justiça humana,
além de um por quê, Senhor,
peço-te: meu filho não!

Entreabro a porta da igreja e entro.
Só sombra e silêncio. Estou só.
Sento-me num dos primeiros bancos
e levanto os olhos para ti, crucificado.
Deixo-me invadir aos poucos pelo
significado de teu sacrifício.
Tua cruz deveria estar vazia, Senhor,
pois tu ressuscitaste e só essa deveria ser a tua mensagem.
O tempo pára um instante.
Continua a correr só do lado de fora,
onde ressoam, longe, as incansáveis oficinas da vida.
Em silêncio, pronuncio em sussurros os nomes,
um por um, dos meus filhos.
Um por um confio a ti, Senhor, para que tu os guardes.
Tu morreste por eles e por eles ressuscitaste:
toma-os, Senhor, sob tua proteção
e torna-os dignos de teu sacrifício.

Morte

Morte e vida, indissoluvelmente unidas,
confundidas, compenetradas.
Eu só, insensato ser humano,
nem teimo em considerá-las separadas:
eu estou vivo(a), a morte pertence a um futuro longínquo.
Aliás, a morte não existe.
Assim, longe da realidade,
vivo numa inconsciência que
arranca valores à minha própria vida.
Senhor, ensina-me a aceitar a morte.
Que seja aos poucos, que seja com delicadeza...
mas abre-me, Senhor, para essa verdade,
sem a qual nada mais tem significado.
Morrerei. Deverei deixar tudo o que amo.
Mas não será para sempre.
Renascerei para uma vida nova,
na qual mais nada me faltará:
o que deixo aqui na terra, encontrarei,
intocado e sublimado, junto a ti.
Senhor, ensina-me a morrer.

42

Tudo o que vivo toma significado e profundidade
na futura verdade de minha morte.
Deverei viver tudo na consciência
de que um dia acabará.
Senhor, ensina-me como agir.
Os acontecimentos se sucedem;
os projetos, os compromissos me absorvem;
há sempre alguma coisa a fazer, a programar, a completar.
Parece que isso tudo não terá mais fim,
dia após dia, semana, mês, ano...
Senhor, ensina-me como se faz
para preparar-se para a morte.
Para aceitá-la, deverei antes aprender a conhecê-la.
Para conhecê-la,
deverei ter a coragem de olhar para ela de frente.
Senhor, ensina-me como fazer para
iluminar a própria morte.
Ensina-me a vencer a tentação à fuga.
Ver de frente a própria morte,
refletir sobre ela, analisá-la.
Delineá-la dentro de si e vivê-la como se fosse agora,
exatamente aqui e agora.
A única maneira para conhecê-la.
A única maneira para aprender a aceitá-la.
Senhor, ensina-me como fazer.

43

Aparece na tv a imagem da Beata Teresa de Calcutá.
Esta, inclinada sobre um moribundo: sorri-lhe e,
delicadamente, ajuda-o a beber algumas gotas d'água.
Inopinadamente, sinto inveja daquele homem.

Como! um abandonado, um miserável,
o último dos homens...
e eu queria estar em seu lugar?
Sim, queria estar em seu lugar.
Teve, perto de si, Madre Teresa.
Teve-a no momento mais importante,
mais perturbado da vida:
o da morte. Senti o frescor de sua mão –
calejada e sábia – na fronte;
encheu-se com os olhos de seu sorriso;
foi objeto de sua atenção – apaixonada,
total – só para si.
Eu não sei como morrerei. Morrerei sozinho(a)?
Senhor, peço-te por todos os que morrem na solidão.
Acalma sua angústia,
ameniza o medo que lhes aperta a garganta,
dá-lhes a paz da resignação.
Faz com que sinta, perto deles,
a tua presença. Concretamente, fisicamente.
Que o momento da morte não lhes seja uma separação
brutal e devastadora, mas uma passagem tornada
leve e doce da consciência de ti.

Corro pelos caminhos de meu mundo,
tão depressa que tudo me passa despercebido.
Mas às vezes a minha mente se firma onde os
meus olhos pousaram por um momento:
um pequeno ramalhete de flores, uma fotografia.
Uma capelinha à beira de uma estrada.
Meu amigo que não estás mais presente,
quantas coisas me diz teu silêncio.

Sabes como chamam alguns dos lugares dos quais me vês?
Descansos: paradas, repousos.
Convidam-me a descansar da vida. Convidam-me
a parar. Convidam-me a pensar.
Ainda não, ainda não... respondo.
E corro sempre apressado(a),
longe, longe (de encontro a ti...).
Senhor, eu te peço por todos aqueles
que morreram nas estradas.
Porque ficam sem terminar a tarefa, sem perdão,
sem remédio. Ficam sem um adeus.
Eu te peço por todos aqueles que não tiveram tempo.
Dá-lhes, Senhor, a oportunidade de uma resposta.

Às vezes a morte me parece doce,
encantadora e quente como uma gata que ronrona.
Parece uma borboleta, ligeira e inofensiva.
São as ocasiões nas quais compreendo,
num raio de luz inesperado e agudo como um láser,
que a morte é para todos e de todo momento,
enquanto a verdadeira anomalia é a vida,
tão surpreendente e inexplicável, tão cheia de mistério.
A vida é magia. A morte, nesses momentos,
torna-se doméstica e habitual.
É como se tu, meu Deus, me confiasses por um instante
a chave do mistério e me fosse permitida
uma olhada ávida e veloz na concreta realidade das coisas,
mas perdesse depois a percepção,
pondo-se de pé no sonho. Acorda-me, Senhor!
Sei certamente que aquela é a visão
autêntica da verdade.
Se abrisses meus olhos,
a morte não mais me causaria medo.

Medo

O maior deles: o medo da morte.
Andemos, venhamos, corramos...
da morte notícia alguma.
Não fujamos da lembrança,
do conceito, do pensamento.
Simplesmente não existe.
Tamanho é o medo que dela temos...
A morte tem o poder de fragmentar
a ilusão de nossa segurança.
A morte tem o poder de nos revelar o nosso esconderijo.
Senhor, ajuda-me a encarar meu medo.
Ajuda-me a praticar a morte, e torná-la habitual,
a aprender a conhecê-la.
Ajuda-me a meditar sobre ela cotidianamente:
com simplicidade, com serenidade.
Só assim poderei controlar o medo;
só assim me tornarei mais forte para controlá-la.
Senhor, tira de meus olhos o véu que torna misterioso
o rosto de minha morte: que a olhe de frente,
que eu a reconheça, que eu a acolha.

Visitando-a como a uma companheira de todos os dias,
privá-la-ei da vantagem que tem sobre mim: a do medo.
Desarma, pois, Senhor, esse medo atual e grave,
e liberta-me por meio da sabedoria.

47

Tenho medo do que não tenho,
pois me sinto vítima de uma injustiça.
Mas tenho medo também do que tenho,
pois tenho medo de perdê-lo.
Tenho medo do futuro, que não conheço,
e do que pode esconder-se no meu caminho.
Mas tenho medo também do passado,
que muitas vezes volta a oferecer-me
o de que não me esqueci.
Tenho medo de tudo o que não controlo,
porque está além da minha vontade
e pode conter duras surpresas.
Mas também tenho medo do que controlo,
por isso não sou diretamente responsável
e às vezes não sou comprimido(a) como
por uma rocha maior do que eu.
Tenho medo de não estar à altura de minha tarefa.
Tenho medo de não ser como pareço.
Tenho medo de não realizá-la.
Mas o maior medo, Senhor,
é o de não ter fé suficiente em ti.
É esta a mãe de todos os medos.
Se aprendesse a colocar-me em tuas mãos...
Se conseguisse entregar-me, se confiasse em ti,
Senhor, minha alma... Todo medo, como por encanto,
desapareceria e eu me tornaria simples e leve.

48

Existirá um só ser humano que não tenha medo?
Qual o caminho a seguir para superá-lo?
Tu, Senhor, fala-nos do *caminho*, da *verdade*, da *vida*.
Através do caminho da tua verdade, se vê a vida.
Ora, a vida é simplesmente a superação de todo medo.
Sem coragem não existe vida. Seria,
pois, este o caminho?
Em que verdade devemos confiar?
Uma só é indiscutível: somos pequenos,
nada sabemos, somos imperfeitos.
A tomada de consciência da nossa pobreza
é o caminho que nos leva
à verdade de nossa dependência.
Não há ser humano que não tenha medo.
Mas se ninguém de nós,
consciente da própria impotência se decidisse,
enfim, a abandonar-se, todo medo desapareceria,
como quando crianças,
nos confiamos à guia de quem sabe mais do que nós e,
na descoberta dessa segurança,
todo medo desaparece.
Senhor, toma-nos pela mão.

49

Tenho o coração triste e não sei por quê.
Parece-me nada ter a esperar e que nada mais tem sentido.
Cumpro mecanicamente com os meus deveres,
sem participação, como se tivesse assumido
uma tarefa obrigatória e não se me pedisse outra coisa
a não ser sua execução material.
Meu corpo trabalha,

enquanto que meu espírito anda por outros lugares:
num deserto sem limite, árido e silencioso.
À minha volta, ninguém parece dar-se conta.
Vão, vêm, servem-se de mim
sem dar-se conta de que eu não estou presente.
Meu coração não sintoniza com os deles,
nossas almas se perderam.
Às vezes, tenho a sensação de que quem vive
ao meu lado nada faz para juntar-se a mim.
Parece-me – e disso não tenho medo –
que os outros poderão desprezar-me.
Tenho prestígio.
Mas às vezes toca a mim juntar-me a eles.
Talvez seja eu quem sou fechado(a) a todos.
Eu, que me nego. Eu que os renega.
Senhor, ensina-me a oferecer como uma concha que
oferece sua pérola, fruto do sofrimento.
Faze-me sair de mim, para ser outro.
Desloca o alvo de "mim" para "ti".
Se me esqueço, esquecerei todo medo.
Senhor, abre-me.

50

Escreve Rilke:
"O coração protegido, nunca se expõe à perdição,
inocente e seguro, não conhece a ternura.
Só o coração reconquistado pode encontrar satisfação:
livre, graças ao que abandonou,
de alegrar-se com seu próprio domínio".
Que significa?
Significa que nada adianta fechar-se à dor

e tentar proteger-se significa apenas sofrer
cada vez mais, renunciando a aprender
com o sofrimento.
Não seria isso o que tu nos ensinas, Senhor?
Do alto de tua cruz,
não nos convidas a acolher a dor de braços abertos
e a acolher o fruto no fundo de sua vida?
Impede, Senhor, que eu me feche como o ouriço
e rejeite o sofrimento que me está reservado.
Se apenas aprendesse a derramar as lágrimas
e a abrir o coração... A dor, então,
tornar-se-ia meu mais poderoso aliado
na descoberta do amor, da sabedoria e do medo
que não deixaria de agredir-me se escolhesse
e não me manteria mais prisioneira.

Perdão

51 Senhor, não te peço perdão pelos meus pecados.
Não te peço perdão por minha covardia:
a coragem é um dom raro.
Não te peço perdão por minhas faltas nos encontros
com os outros: pois não é tão fácil amar o próximo.
Não peço perdão pelas minhas fraquezas:
nem sempre é possível ser forte.
Não peço perdão por minha incoerência:
a fidelidade a mim mesma,
às vezes, tem um preço muito alto.
Não te peço perdão,
porque muitas vezes não te reconheço:
Pedro também não te reconheceu.
Não, Senhor, de tudo isso não te peço perdão:
sei que já estou perdoado(a), pois me criaste imperfeito(a).
Mas de uma coisa, sim, te peço perdão.
Peço-te com todo o coração e apaixonadamente.
Perdoa-me, Senhor, quando escondo a minha falta.
Perdoa-me todas as vezes que a rejeito,
perdoa-me quando não a reconheço.

Perdoa-me todas as vezes
que justifico a mim mesma
e ponho nos outros a culpa.
Perdoa-me todas as vezes
que digo que sou inocente,
sabendo que não o sou.
Porque o pecado é só um:
não te reconhecer como és.

52

Trata-se de um agradecimento particular
que quero fazer-te: o de ser como sou.
Sou avarento(a), sou injusto(a), sou falso(a).
Sou preguiçoso(a) e sou vil.
Naturalmente, peço-te que me livres da avareza,
da injustiça, da falsidade, da preguiça e da vileza.
Mas, sobretudo, peço-te que me guardes
da ilusão de estar curado(a).
Peço-te que me abras bem os olhos sobre
o que sou e fazer-me ver realmente que não tenho
necessidade de teu perdão.
Sim, agradeço-te porque tenho motivos
para pedir-te perdão.
Eu gosto de ser perdoado(a) por ti.
O perdão pressupõe o amor
e eu quero ser amado(a) por ti.
Somente o teu perdão e o teu amor
podem ensinar-me o amor e o perdão.
Estou contente – e agradeço – por ser como sou,
porque preciso te amar.
Tenho necessidade de perdoar.

53
Ainda hoje pratiquei minha grande dose
de pecados cotidianos.
Por que, Senhor, jamais consigo ser como queria?
Todo homem alimenta em si
a procura instintiva de uma paz interior
e o grau de sua felicidade é diretamente
proporcional à sua falta.
Ainda bem, eu não me sinto em paz comigo
toda vez que me refiro a meus bons propósitos.
Estou, portanto, sempre feliz.
Por que nos criaste tão imperfeitos?
Talvez não seja a nossa perfeição que tu queres,
Senhor. Basta-te que nós a procuremos.
Talvez te pareça só que não traiamos nunca
o impulso para o bem, o estímulo a melhorar-nos.
Isso sim, é minha medida:
levantar-me todas as vezes que caio;
reprovar sempre o que me levou a pecar;
não ceder à aparência, à facilidade,
à preguiça. Isso sim, posso fazer:
continuar procurando-te em tudo o que faço,
em toda pessoa que encontro.
E quando, apesar de todo esforço,
não souber fazê-lo e me encontrar,
por isso, só e infeliz, Senhor, eu me perdoarei,
porque tu mesmo não me queres perfeita.

54
Às vezes, a morte de quem nos está próximo
nos atinge sem nos dar tempo de perdoar
questões não resolvidas, incompreensões e discórdias.
Acontece, então, que resta um angustiado

sentido de rancor pelas injustiças inesperadas,
profundamente petrificadas,
presas à jaula da irremediabilidade.
Com um sentimento de culpa difícil de superar,
pois a quem morre tudo se deveria saber perdoar.
Peço-te, Senhor: cura minhas feridas, para que,
curada, se torne mais fácil perdoar alguém
que me tiver ofendido.
Peço-te, Senhor:
ajuda-me a compreender que quem mais errou,
mais precisa de ser compadecido.
Talvez, as culpas de quem não mais existe,
possam ser canceladas somente se, quem ficou,
aprender a superá-las. Se assim é,
tenho nas mãos um grande poder:
o de curar a alma do rancor,
dando ao mesmo tempo a paz a quem,
de cima, não pode mais remediar.

55

Como me comprazeria se na lousa do universo
– onde toda ação, toda intenção,
todo pensamento fossem atenuadas dia a dia,
em todo momento de nossa vida –
qualquer um cancelaria cuidadosamente
todos os meus pecados: a ajuda que lhe dei,
a atenção que não lhe dei, as palavras que errei,
os pensamentos por meio dos quais foram evitadas
as minhas responsabilidades,
o egoísmo que não soube vencer,
as teimosias, as pequenas vinganças, as mentiras...

Meu Deus, como me seria prazeroso!
Voltar a ser polida, limpa: pura.
Reconhecer-me culpada e, apesar disso, absolvida.
Seria como receber a Unção dos enfermos
em qualquer idade, em qualquer momento.
Seria como acolher o único Sacramento possível
para libertar-me do medo à morte.
Pois só purificada de meus pecados,
compensada de minhas faltas,
livre da escravidão dos meus fantasmas,
a vida poderia parecer-me uma
particularidade superável, e a morte como meu redil,
no qual encontrar refúgio autêntico.
Senhor, dá-me um sinal de teu perdão.

Pobreza

"O ser humano faz parte de um todo
que chamamos 'universo',
uma parte limitada no tempo e no espaço.
Experimente você mesmo os pensamentos
e as sensações como algo isolado do resto,
naquela que é uma espécie de ilusão
ótica da consciência. Essa ilusão é uma
espécie de prisão que limita nossos desejos pessoais
e o afeto pelas poucas pessoas
que se encontram bastante perto de nós.
Nosso dever é libertar-nos dessa prisão,
estendendo os centros concêntricos e nossa
compaixão para abraçar todos os seres vivos
e toda a natureza na sua beleza":
palavras de Albert Einstein.
Portanto, sejamos limitados no tempo e no espaço,
nos desejos e nos afetos.
Contentemo-nos conosco mesmos,
limitados por uma prisão.
Sejamos pobres.

Ajuda-me, Senhor, a sair fora de mim;
a subir acima de mim; a expandir-me além de mim,
para que possa tornar-me livre, aberta, exposta,
rica a ponto de compreender em mim
o universo inteiro.
Como? Einstein responde: por meio da compaixão.

57

Para noventa por cento dos homens
que habitam a terra e têm fome,
eu sou uma pessoa rica.
Não seria verdade?
Minhas necessidades mais impulsivas são satisfeitas
e muito continua supérfluo para mim.
Meu armário contém mais de uma muda de roupa
e minha mesa é farta em comida:
quando tenho frio, tenho com que me cobrir.
Quando tenho fome, tenho com que saciar a fome.
Tudo isso recebe o nome de riqueza.
A riqueza, porém, não é pecado:
torna-se pecado só quando somos seus escravos.
Ser escravos da riqueza significa servi-la,
ser dependente dela: colocá-la acima de tudo.
E agora, Senhor, eu te peço:
faze com que esteja interiormente pronto(a)
para a pobreza. Ensina-me a dar sem medida, isto é,
sem perguntar-me se o que sobra me será suficiente.
Ensina-me a dar, porque isso é meu dever
e não importa se ficarei nu(a): Deus me aquecerá.
Só assim saberei usar as coisas com serenidade.
Sem medo de perdê-las, porque, dentro de mim,
já as terei perdido.

58

Sou desconhecido(a) de mim mesmo(a).
Olho-me no espelho e um rosto estranho nele reflete,
o qual não reconheço. Não escolhi a cor dos olhos,
o alinhamento do nariz, a forma do queixo.
É um rosto que me foi dado,
assim como todo o meu corpo:
o sangue que corre nas veias, o coração que o bombeia,
o ar que o mantém vivo, o cérebro que interage.
Nada de tudo isso é *meu*,
no sentido de "feito por mim", "querido por mim".
Minha pobreza é total.
Nesse sentido,
eu mesmo(a) sou o dom do que me foi feito.
Grande é, portanto, a responsabilidade
para comigo mesma e indubitável minha obrigação:
defender e preservar o dom recebido
e dele tirar o melhor fruto.
Senhor, torna-me sempre consciente
de minha pobreza e do dever que me foi confiado:
ter cuidado e respeito comigo
e tornar-me instrumento de tua vontade.
Ajuda-me a olhar para mim com os olhos da verdade,
para que eu continue a ver em mim a tua
e a reconhecer nisso que sou o teu Mistério.

59

Toda vez que ergo uma barreira entre mim e os outros.
Toda vez que apago em mim o impulso a ajudar.
Toda vez que minha comodidade assume a vantagem.
Toda vez que digo não por indiferença e por preguiça.
Dentro de mim toda vez, algo se move.

Nenhuma dessas vezes eu escolho a pobreza.
Porque rejeitar é pobreza.
Fechar-se é pobreza. Fugir é pobreza.
Senhor, não quero ser pobre. Quero uma alma
rica e palpitante, aberta ao sofrimento dos outros.
Quero uma alma partícipe, compadecida e viva. Quero
uma alma capaz de transformar a alma dos outros.
Quero uma alma que possa sublimar a pobreza.

Existe um freio que me impede de correr.
Todas as vezes que o entusiasmo me leva a agir,
a dar, a fazer, esse freio me refreia, às vezes,
diretamente me bloqueia e joga água ao fogo.
Trata-se da consciência de meus direitos.
A consciência de que não sou obrigado(a)
a fazer além da minha obrigação;
a consciência de que tudo que dou
deve necessariamente ter uma retribuição.
Senhor, liberta-me de meus direitos.
Quero ser livre para dar,
mesmo que não seja obrigado(a) a fazê-lo.
Quero que as pessoas aproveitem de mim,
mesmo que não me retribuam jamais.
Quero que sejam esquecidos e esmagados
os meus pequenos caprichosos, pobres direitos.
Quero dar sem medida. Quero agir sem amarras.
Quero ser sem reservas. Quero ser rica,
Senhor, de potencialidades.
Liberta-me de minha pobreza,
meu Deus, e eu te prometo: eu te assombrarei.

Oração

Preso entre coisas mortais
(mesmo o céu estrelado acabará)
por que desejar ardentemente a Deus?

G. Ungaretti

Um desejo de infinito.
A experiência de algo que me transcende,
no qual provar, separando-me totalmente de mim,
a vertigem de perder-me.
Uma vertigem que teria a melhor sobre mim,
se eu não sentisse, além de toda dúvida,
que naquele nada alguém me espera.
Trata-se de tua voz, meu Deus,
que procuro, procurando-te.
Tua voz no barulho, à qual agarrar-me, na qual confiar.
E a oração antecipa, em mim,
a misteriosa passagem necessária da morte,
quando, dando-te a mão,
me entregarei confiante ao teu abraço.

62

Senhor, protege todos os que me são caros.
Eu sei, essa é uma oração banal:
todos nós a conhecemos de cor
e milhares de vezes a fizemos.
"Protege meus filhos.
Não permitas que se afastem do caminho
de seu equilíbrio e de sua serenidade.
Concede-lhes o dom da saúde."
Senhor, quantos somos no mundo?
Outras orações como esta cheguem a ti.
É evidente que não podes escutar todas.
Nesse caso, procurarei expressar de maneira diferente,
esta oração. Talvez – provavelmente –, talvez a escutarás.
Protege minha família, Senhor.
Mas se alguma queixa tivesse de ouvir,
concede-me a força de enfrentá-la;
a coragem de combatê-la com todos
os meios de minha fé; a inteligência para aceitá-la,
toda vez que não for possível evitá-la.
Senhor, se tiver de acontecer alguma coisa,
não me faça nunca esquecer
de que a responsabilidade do que acontece a mim
não compete, porque tua mão deve guiar meus passos.
Portanto, protege os que me são caros,
Senhor, mas faze com que me lembre todos os dias
de que meu dever é apenas tornar-me teu instrumento.

63

Durante o dia, quando sozinho(a) cumpro
com meus afazeres, eu te sinto perto de mim, Senhor.
Converso contigo sobre tantas coisas:
peço, protesto, suplico, agradeço.

Volto-me a ti com fé,
com a mesma confidência que se reserva a um pai.
E em tua companhia esqueço-me de estar sozinha.
É indubitável: eu peço.
Mas quando chega a noite e meus queridos
voltam para casa, então, como por acordo tácito,
dedico-me a eles, privando-me de ti.
É um acordo muito triste, o nosso.
Em minha casa ecoam as vozes de meus filhos,
enquanto meu coração fica calado. Ocupo-me
deles na solidão de tua ausência.
Junto com eles, não sei mais rezar.
Ajuda-me, Senhor: ensina-me a vencer,
dentro de mim o senso de pudor – ou,
mais sinceramente, de vergonha injustificada
– que me impede de dizer a meus queridos:
"Querem rezar comigo?".
Que maravilha seria rezar com eles, juntos!
E que poder teria nossa oração!

Sempre que as coisas não vão como queria,
e o medo me aperta a garganta, então te peço, Senhor:
quando não posso mais nada e me sinto impotente,
é fácil, é instintivo confiar em ti.
Digo-te, por exemplo: Senhor, dá saúde!
Todo o resto não importa, só a saúde conta.
E me parece que realmente só a saúde importa e nada mais.
Digo-te: peço-te, Senhor, somente isso!
Mas depois, recuperada a saúde,
ela perde a importância e todo o resto cresce.

E eu recomeço a perder-me em milhares
de pequenas coisas, esquecendo-te...
Senhor, faze com que eu sinta a tua presença
a cada momento de meu dia e que tudo seja
sempre determinado por ti.
Dá-me a inteligência para confiar em ti,
minha saúde e a dos meus queridos,
bem como toda a minha mais curta respiração.
Que eu não te esqueça jamais de que minha vida
se torne oração.

Queria respirar o amor.
Queria que toda respiração me tornasse satisfeita.
Pode-se?
Há um método, na antigo Oriente,
que torna isso possível. Trata-se da inspiração
do que de negativo há em mim ou a meu derredor,
perto ou longe, e depois jogá-lo fora, expirando,
como que transformado num raio de luz purificadora.
Olha: inspiro o mal e expiro o bem.
Inspiro o escuro, a dor, a ânsia,
o medo e expiro a luz, a paz, a alegria.
Inspiro o ódio e expiro o amor.
Em mim se completa a transformação.
Em mim se completa a purificação.
Nesse cumprimento, reencontro a inocência.
Assim, a tudo respiro.
Não seria isto rezar?

Riqueza

66
O vento agita as copas das árvores. Lá em cima,
as nuvens correm roçando o céu.
A imensidão que me rodeia, a imensidão
que me sobranceia, o que é? Que é o céu? E as nuvens?
E as árvores? Que é o vento?
Que é tudo isso a que dei um nome e é mistério?
Senhor, nada tenho, porque nada conheço.
Só me resta confiar no que me deste,
e alegrar-me e servir-me disso e agradecer-te.
Não me resta senão pegar com as duas mãos
os teus dons e, porque nada possuo,
distribui a meu derredor. As nuvens, o céu, as árvores,
o vento: fecho os olhos e os respiro.
Essas coisas te pertencem, Senhor: minha riqueza.

67
"Um dia, depois de ter dominado o vento, as ondas,
a correnteza e a gravidade,
desfrutaremos das energias do amor.
Então, pela segunda vez, na história da humanidade,
o homem terá descoberto o fogo": Teilhard de Chardin.

Que riqueza superabundante, impetuosa,
cobrirá nosso coração quando aprendermos,
finalmente, a usar a força do amor!
Meu Deus, desde quando criaste tudo à nossa volta
sugeres essa verdade, mas nós teimamos em continuar
cegos e ignorantes, mudos.
Teimamos em continuar pobres.
É como se todo dia esperássemos toda a riqueza
que passa pelas mãos só pelo fato
de não saber reconhecê-la.
Abre nossos olhos, Senhor, ao segredo do amor.
Ensina-nos a distinguir as possibilidades,
bem como, por meio disso, se torne possível distribuir
a riqueza a quantos nos cercam.
Marca em nosso coração o caminho
a seguir para canalizar as energias que temos.
E permite que nos queimemos a nós mesmos
nesse fogo que, dia após dia,
tu nos ajudas a descobrir em nós.

Às vezes, penso já ter cumprido minha tarefa.
Quando era jovem, era forte.
A esperança enchia meu coração.
Esperava a vida e todas as suas promessas: era rica.
Mas agora que aguardei, esperei, vivi;
agora que meus filhos são grandes,
às vezes penso ter dado tudo o que tinha para dar.
Penso que mais nenhum deles precisa de mim.
Penso não me ter sobrado nada e não vejo,
ao contrário, que o mundo me aguarda.

Senhor, livra-me de minha pobreza:
a riqueza que ainda tenho para dar vejo-a nos olhos
de quem está à minha volta.
Senhor, livra-me de meu cativeiro:
fora da jaula na qual fui preso(a),
a vida continua a fazer-me promessas.
Abre meus olhos, Senhor,
para que veja minha riqueza e,
sobretudo, aqueles aos quais ela se destina.

69

O difícil é dar sem medida:
sem contar o que virá a faltar e o que nos restará.
Dar livremente, quando se tem ocasião para tal,
até que nada sobre. Alguém, em seguida providenciará.
Não, não se trata de coisa fácil.
Significa renunciar à riqueza.
Significa privar-se da base sobre a qual apoiamos os pés.
Eliminar todo apoio.
Significa não mais contar conosco mesmos,
mas com alguém diferente.
Numa palavra: significa entregar-se.
Mas há algo ainda mais difícil,
que é assumir sem sentir a obrigação de restituir.
Aceitar a riqueza que se torna generosa.
Receber sem medida: sem pesar o que nos é dado,
com a finalidade de poder restituir outro tanto,
de modo que não se torne necessário dizer obrigado...
Senhor, ensina-me a gratuidade.
Ensina-me a aceitar os dons que me são oferecidos
– os dons que a vida me oferece –
com uma alegria sem medida.

Que o possa alegrar sem o medo de ter de lhe retribuir.
A vida é o teu dom, Senhor. Meu dever é o de aceitá-la,
de torná-la frutuosa e de oferecê-la
a quem dela precisar.

70

Meu Deus, promete-me que nada será perdido!
Nem o que tornou rica minha vida,
nem o que a empobreceu.
Promete-me que um dia – não sei quando,
não sei como – me restituirás.
O gesto de amor, intenso,
que me marcou o coração para sempre.
Mas também o sofrimento a que fui sujeita,
como um deserto sem limite, para chegar,
enfim, até aqui, onde estou, a pedir-te.
Meu Deus, guarda para mim tudo isso.
Aqueles que amei, aqueles que me amaram e todos
os que não o souberam fazer. Tudo o que te dei,
tudo o que me deste: Senhor, devolve-o!
O rosto de quem amo,
as mãos que apertei entre as minhas,
mas também as palavras esquecidas e as desgraças
pelas quais passei e toda renúncia e pobreza.
Senhor, faze com que isso não se reduza a nada.
E a explosão da primavera,
um temporal de verão, as árvores,
as espigas e a candura de minha infância
e o silêncio de minha velhice...
Senhor, que nada disso seja perdido:
é o que me fez assim como sou, é o tecido de minha alma.
Que encontres intata esta riqueza, Senhor, perto de mim.

Reconhecimento

71 "Ó Deus, agradeço-te por teres-me criado homem",
diz uma antiga oração hebraica.
Eu te agradeço por me teres criado ser humano.
Agradeço-te por ter-me escolhido
como teu(tua) cooperadoro(a).
Por me teres dado a faculdade de criar.
Por me teres dotado de uma força particular.
Por me teres concedido uma saúde especial.
Por me teres insuflado uma sabedoria natural.
Por me teres confiado tarefas fundamentais.
Por me teres estabelecido com leveza.
Por me teres marcado com tua interioridade.
Agradeço-te, meu Deus, por me teres criado.

72 Tenho minha(meu) esposa(marido), tenho meus filhos.
Tenho minha casa, meu trabalho.
Meu carro, meu computador. Meu..., meu...
nada é meu. O que tenho é uma ilusão interior.
Deverei renunciar?

Não é possível renunciar a algo que nunca foi "meu".
Renunciar significa apenas entender
que não é possível possuir nada, na realidade.
Posso servir-me das coisas,
posso usufruir do afeto das pessoas,
mas nem uns nem outros poderão ser "meus".
Não estarei aqui para sempre:
como poderei possuir algo?
Só me resta alegrar-me com a possibilidade
que me é oferecida de usar as coisas e de alimentar-me
com o amor das pessoas.
Como poderei, a estas alturas,
deixar de experimentar um sentido ilimitado de gratidão?
Quantos dons me são oferecidos!
Dons para o corpo, dons para o espírito...
Não estaria realmente no paraíso terrestre?
Senhor, agradeço-te pelo que
me dás e que eu não sei mais ver.
Agradeço-te pela oportunidade cujo caminho vulgarizas
e que eu não sei mais acolher.
Abre meus olhos, Senhor, e livra-me da ilusão
da posse, para que saiba alegrar-me na gratuidade.

73

Oh, sim, a vida me humilhou também a mim.
Conheço – como muitos, antes ou depois –
a devastadora solidão de quem é mal interpretado,
escarnecido, ludibriado. Pois bem,
parecerá a ti muito esquisito, Senhor,
mas eu te agradeço. Sim: agradeço-te
porque fui humilhado(a).
É verdade: não fui dilacerado(a), magoado(a),
levado(a) vivo(a) para a fogueira.

Mas a humilhação me forjou.
Gravou em mim uma sensibilidade aguda e transparente,
que me permite, agora, entender o que,
de outra maneira, não teria sabido entender.
Descobriu e inseriu – numa chaga que,
aos poucos, cicatrizou perfeitamente um terceiro olho,
pronto para colher uma dimensão para a qual, antes,
era cega: a dimensão da profundidade.
Pela qual vejo as pessoas como são
e não como desejaria que fossem.
Intuo o nó das situações e percebo de repente meu papel.
Sei distinguir os ramos secos
dos que afundam as raízes no coração.
Como poderei deixar de agradecer-te, Senhor?
O sofrimento criou, ao meu redor,
uma aura sensível e receptiva,
que me permite perceber as mensagens sutis
que me chegam dos outros e da própria natureza.
Como poderei deixar de agradecer-te, Senhor?
A dor me ensinou a "sentir".

Todos os dias levanto-me e enfrento os deveres do dia.
Todos os dias eu me levanto.
Senhor, peço-te por todos aqueles que não podem
levantar-se: os paraplégicos, os idosos,
os doentes... Por aqueles cujo mundo
está fechado numa casa, numa cama.
Todos os dias saio de minha casa e vejo o mundo
que está à minha volta. Todos os dias eu vejo.
Senhor, peço-te por todos aqueles que não enxergam
mais e por aqueles que nunca enxergaram.

Por aqueles para os quais o mundo
é escuro e sem cor.
Todos os dias escuto a vida que pulsa à minha volta.
Todos os dias eu escuto.
Senhor, peço-te por todos aqueles que não sentem,
aqueles para os quais a vida é silêncio.
Por aqueles que não sabem que é a música,
nem a voz de seus queridos.
Senhor, peço-te por todos aqueles que foram atingidos
pela desgraça e pela doença: dá-lhes força
e confiança em ti.
Quanto a mim, que me movo e vejo e escuto,
possa sempre ser consciente e reconhecida
por meu sucesso.

Meu Deus, agradeço-te porque colocaste
a meu lado o(a) homem(mulher) que amo.
Neste mundo cheio de mistérios,
não me movo às apalpadelas,
pois minha mão está unida a uma outra mão e,
juntos, ficamos de pé. Juntos caminhamos no escuro,
numa direção que não conhecemos.
Às vezes, corremos o risco de tropeçar,
mas juntos nos levantamos. Por isso, Senhor, agradeço-te.
Com ele ao meu lado, não conheço a angústia
da solidão. Tenho onde apoiar a cabeça.
Tenho uma alma pronta a acolher a minha.
Toda noite, antes de dormir,
protegida por seu abraço –
nossos dois corações unidos,
unidos e fortes –, Senhor, eu te agradeço.

Meu agradecimento é tão profundo
que queria colocá-lo nas estrelas,
para que toda noite todos fossem iluminados por elas.
Meu agradecimento é tão explosivo,
que desabrocha na alma como uma primavera.
Acolhe-o, Senhor, e torna-me digno(a) desse dom.

Simplicidade

Qual a tarefa do homem nesta terra?
Por que foi chamado à vida?
Senhor, eu sou um(uma) homem(mulher).
Desde o momento que me levanto pela manhã
até quando me deito à noite,
todas as atividades necessárias...
onde encontro tempo para procurar
uma tarefa mais importante, uma tarefa mais digna?
Faço tudo para chegar ao fim do mês,
faço o impossível para fazer durar as coisas que tenho,
não jogo fora nada e procuro esbanjar o menos possível:
que posso descobrir senão isso, Senhor?
Não posso fazer mais do que faço.
Tudo isso pode contribuir para fazer girar o mundo?
Oh, se soubesse que é exatamente
isso a minha tarefa: só isso!
Como me sentia leve, como trabalhava feliz!
Se soubesse que essas atividades,
me tornam digno(a) da tua bênção, Senhor,
como te seria reconhecido(a)!

É *isso* a minha tarefa? Tão simples, tão
agradável: servir-te, servindo aqueles que amo...

77

Quanta comida no meu refrigerador.
Quantas vestimentas no meu guarda-roupa.
Quantas baixelas e utensílios,
vasos e porcelanas e pratas em cima de meus móveis.
Quanta coisa inútil à minha volta!
Senhor, ensina-me o discernimento.
Quanto medo de romper, de perder, de privar-me.
Quanto medo de não ter o que fazer,
de ter necessidade, de não ter suficientemente.
Senhor, ensina-me a pobreza!
Quantas complicações, quantos embaraços,
quantas dificuldades!
Quantas dificuldades impedem
que meu sim seja sim e o meu não seja não.
Senhor, ensina-me a simplicidade.
Se fosse capaz de discernimento e alcançasse
a espoliação de mim mesmo(a) até tornar-me
realmente simples, nada mais se interporia entre ti
e mim, Senhor, e eu poderia tocar numa
fímbria de teu manto...

78

Acredito que as mãos das mulheres sejam sagradas,
Senhor. Seria eu presunçosa? É possível.
Mas as mãos das mulheres...
Olho para elas e imagino sua laboriosidade:
vejo-as trocar uma fralda de linho de uma criança,

com gestos rápidos e ternos; vejo-as cortar e limpar
as verduras, vejo-as cozinhar, arrumar uma cama,
passar com habilidade o pano nos móveis.
Vejo seus dedos correrem agilmente no teclado
do computador ou pegar o volante de um carro.
Que há de estranho em tudo isso?
Também os homens, então...
Ainda assim não. Vejo as mãos das mulheres
divertindo-se com uma carícia jamais vista;
vejo-as segurar com firmeza o corpo de um idoso;
vejo-as pousarem na cabeça de um adolescente,
para diminuir-lhe a inquietação.
Seja lá o que fizermos, a maioria das mulheres
comunicam sua misteriosa potencialidade,
mesmo descansando, paradas, pousadas no regaço.
As mãos das mulheres são mãos especiais.
Brancas ou negras, macias ou enrugadas,
delicadas ou nodosas, desenham a vida.
As mãos das mulheres são sagradas
porque expressam a simplicidade.

Sou uma árvore com muitos galhos,
sou uma planta com muitas folhas. Acordo.
Para todos, minha linfa é suficiente: sempre tenho sede.
Só eu conheço os meus galhos:
sei o que é necessário e o que não;
sei quais as folhas que têm frutas
e quais tiram vida das outras,
como parasitas. Sei o que me é indispensável.
Senhor, é em ti que se encontra o que mais importa.

Toda energia sem esperança que gastei até agora para
me fechar na armadilha de tudo o que é inútil,
poderei usar ao invés para sair daí, aproximando-te de ti.
O supérfluo me distancia de ti, Senhor:
tudo o que não alimenta diretamente o coração.
Ajuda-me a podar-me. A limpar, desbastar, eliminar.
Irrefletidamente sem piedade: não serás mesmo tu, Senhor,
no fundo do meu caminho de simplificação?
Só na sofrida simplicidade reencontrarei minha inocência.

80

Senhor, estou apaixonada!
Tudo se abre à minha volta e parece explodir
numa oferta pródiga e imperiosa. Sinto-me ferver, vital,
vigorosa. Estou apaixonada, Senhor!
Não mais preciso mascarar-me: fui reconhecida.
Fui escolhida. Fui "eleita".
Há quem me acolheu onde estava escondida:
além de minha forma, além de minha defesa,
além de minha consciência.
Existe quem descobriu minha essência apesar de mim.
Quem reduziu claramente toda defesa
e me vê assim como sou: sem proteção.
Senhor, ofereço-te este amor: uma flor recém-nascida,
muito frágil, única no mundo.
Ensina-me a protegê-la e a alimentá-la para
conservar intata a magia.
Torna-me vazia, para que ela possa plenificar-me.
Torna-me simples, para que possa completar-me.

Sofrimento

81 Se de lá onde te encontras, Senhor, me vês;
se sabes o número de meus cabelos
e a cor de meus olhos; se esperas de mim algo,
se sabes dize-me... agora te peço, Senhor,
volta teus olhos para mim!
Não vês minha dor?
Não escutas meu chamado?
Não ouves meu grito por ajuda?
Estou no fundo do poço, sozinho(a). Há silêncio,
há escuridão à minha volta e ninguém,
ninguém que me possa ajudar.
Não me resta senão tu: olha para mim!
Tomo todos os meus sofrimentos
e os coloco em tuas mãos.
Não tenho outra coisa para dar-te.
Toda a minha angústia, meu desespero.
confio-os a ti: faze com que sejam fecundos.
Senhor, do abismo no qual me encontro,
peço-te, lembra-te de mim!

Estou te oferecendo minha dor:
a única riqueza que tenho.
Dá-lhe um sentido.
Faze com que germine.

82

O sofrimento é inevitável, eu sei, mas depois,
depois... não agora!
Agora devo ainda trabalhar, devo ainda construir,
devo ainda viver: se a dor me fere, tudo se firma.
Antes ou depois chegará, bem o sei.
Mas agora ainda sou jovem, ainda sou forte.
Por que a dor não fere só os idosos, os fracos, os incapazes?
Senhor, poupa-me.
Preciso terminar minha tarefa.
Devo trabalhar, devo comprar uma casa,
devo manter meus filhos na escola.
Como fazer, se o sofrimento me perturba?
Tenho muito a fazer.
Quando ficar velha, quando estiver cansada,
quando não mais servir para nada,
então venha também o sofrimento,
me dê o golpe de misericórdia!
Para isso deveria servir: para me dar a morte,
mas só depois que terminar.
Por isso, espera, Senhor. Por ora afasta de mim a dor.
Concede-me tempo. Agora não posso...

83

Mas quando a dor me atingir,
quando se abater sobre mim depois
que por anos não tiver tido medo,
quando me agredir pelas costas e não mais puder
escapar dela, então, Senhor, dá-me força!

A força para combater.
A força para compreender.
A força para aceitar.
Porque será grande a tentação de entregar-me.
Faltarão a mim as energias.
Pensarei que mais nada há a fazer.
Deixar-me-ei andar.
Será então que deverás aproximar-te de mim, Senhor.
É então que deverás chamar-me pelo nome,
tomar-me pela mão, levantar-me.
Já agora me é difícil, às vezes, encontrar-te:
agora que minha vida se desenvolve com facilidade.
Quando o sofrimento a invadir, onde te encontrarei?
Deverás tu procurar-me, Senhor.
Deverás chamar-me em altas vozes,
Porque na dor é difícil escutar o que está fora de mim.
Deverás aproximar-te bem do centro de meu coração
e anunciar-te intensamente,
para que te possa reconhecer e tornar-me
forte com tua força.

84

Sempre que me encontro diante ao sofrimento dos outros,
tenho vontade de fugir. Ah, não,
digo a mim mesma,
justificando-me: já tenho tais e tantos, ai!
que não posso propriamente permitir-me
sofrer também pelos outros.
Como sou idiota!
Oferece-se-me uma chave que abre mil
portas e eu a recuso!
Abre a porta da saúde de minha alma.
Abre a porta do meu equilíbrio.

Abre a porta de minha serenidade. Abre a porta
de minha força e de minha capacidade de aceitação.
De que chave se trata?
Trata-se da chave da compaixão.
Senhor, leva-me a sentir o que os outros
na própria pele; a descer em sua alma,
só para sofrer com eles. Sim: sofrer.
Sentir em mim – na minha pele, em meu coração –
a sua mesma dor. Faze-me conhecer
o abandono da piedade.
Faz-me derramar as mesmas lágrimas que derramaria
se eu mesmo(a) fosse atingido(a) pela sofrimento.
Sairei regenerada daí.
Daí sairei aperfeiçoada, limpa, leve e renovada.
Porque como meu próprio sofrimento
me atinge a alma, assim o sofrimento dos outros
a sublima, como fazê-la germinar
e torná-la fecunda de felicidade.

85

O sofrimento dos outros não pesa.
Sem substância, nem profundidade.
O sofrimento dos outros é estranho e distante.
Inconsistente. Quando o encontro,
quando o vejo e o toco, primeiro quero o olhar de outro:
o sofrimento dos outros atemoriza e enoja.
Fechar-se tem sempre um peso de responsabilidade.
Escolho, de preferência, sofrimentos distantes:
tenho compaixão, participo,
apiado-me superficialmente, porque a distância
é um ótimo álibi para a minha inércia.

Senhor, desarma meu coração.
Torna-o exposto e vulnerável.
Abre meus olhos aos sofrimentos dos outros
e livra-me e liberta-me do medo da compaixão.
Abre-me para o sofrimento dos outros:
faz com que sinta o seu peso e a profundidade,
bem como padeça também eu e,
lutando pelos outros,
possa dizer que estou vivo(a).

Solidão

86 Solidão significa medo. Medo significa desequilíbrio.
Em todos os momentos em que o meu equilíbrio
está fora de simetria, ordena-o com a fé, Senhor.
Quem tem fé não tem medo.
Quem tem fé nunca está sozinho.
Em todos os momentos em que a solidão
desencadeia minha angústia, faze-me sentir, Senhor,
tua mão na minha. Torna a tua presença viva,
aproxima-te de mim: faz com que teu calor me queime.
Em todos os momentos nos quais
o medo agride minha alma, faze-me ouvir tua voz,
Senhor, e me chama pelo nome: meu nome
pronunciado por ti ressoará em mim e não mais
estarei sozinha. Ouvir-te me curará.

87 Senhor, peço-te por todos aqueles que vivem na solidão.
Pelas mulheres sem marido, especialmente por aquelas
que conheceram a felicidade. Pelos idosos esquecidos,
sobretudo por aqueles que não se esquecem de nós.

Pelas crianças mal-amadas,
que são obrigadas a estudar com dificuldade.
Pelas mães que não podem dar e pelos filhos
que não sabem retribuir.
Pelos deserdados que vivem pelas ruas.
Pelos drogados que não conseguem encontrar o caminho
para sair de sua dependência.
Pelos enfermos que não têm mais esperança
e por aqueles que não são compreendidos.
Senhor, peço-te por todos aqueles que não são amados,
por todos aqueles que estão sós:
no deserto de seu coração, dessedenta-os.

88

Senhor, faze com que eu chore:
quero derramar lágrimas por todos os que sofrem.
Quando da tela da TV me chegam imagens de desespero,
Senhor, ajuda-me a sofrer. Não quero fechar-me,
nem virar os olhos para outro lado, nem fugir.
Quero olhar e participar e chorar.
Quero transformar-me na mãe e na filha
de quem sofre e como uma mãe e uma filha, padecer.
Estaria louca? Tornei-me masoquista?
Nada disso. Simplesmente, combato a solidão.
O sofrimento abre meu coração: alimenta-o,
fá-lo crescer, enriquece-o.
No sofrimento dos outros, reconheço-me irmão(ã).
Irmão(ã) de quem sofre...
Mas se sou irmão(ã), tenho irmãos:
não mais estarei sozinho(a), quando sofrer!
Terei irmãos, porque na sua dor serei reconhecido(a).
Senhor, faze-me chorar:
em meu choro desfaz-se a solidão.

89

Compaixão, ou seja, sofrer com.
Tu sofreste, Senhor, até a morte de cruz,
ensinando-me a compaixão. Mas eu não a aprendi...
Diante da dor de outrem, não vejo, não sinto.
Rejeito. A dor é incômoda, a dor é má.
A dor dos outros me torna insensível a essa mesma dor.
Para que dedicar-se ao esforço de penetrar
no sofrimento dos outros?
Compartilhar a dor significa sofrer.
Para que descer a um coração ferido,
entrar numa angústia que não posso aliviar?
Mais vale continuar dono de si,
entrincheirar-se dentro dos próprios limites,
defender a própria tranqüilidade.
Senhor, salva-me do egoísmo.
Tu que recebeste em tua carne a dor do mundo,
ensina-me a reconhecê-la,
a aceitá-la e a compartilhá-la,
para que fugindo dela eu me entregue à solidão.
Salva-me, Senhor, de minha falsa segurança
e abre o meu coração à compaixão,
única riqueza que compreende todos e me torna
digno(a) de minha humanidade.
Única riqueza que me aproxima de meus semelhantes
e nos torna irmãos. Único caminho
que me permite vencer a solidão.

90

Meu Anjo da guarda:
venci na infância agarrado à tua mão, sem sabê-lo.
Quando fiquei sabendo,
não mais te procurei perto de mim.

Dize-me: estás aqui?
Agora, tens a minha ignorância, guia meus passos e,
tímido, escondes-te nas pregas de minha alma?
Anjo guardião, anjo defensor, anjo sustentador.
Meu silencioso tutor, que sabes de mim
o que eu mesmo(a) ignoro, como ficaria satisfeita
se ficasse sabendo que estás aqui!
Como, de repente, se escolheria toda solidão
e eu pudesse repousar sabendo que há quem me protege,
além de mim, apesar de mim...
Agora sim, poderei tornar-me corajoso(a),
dando sem o temor de privar-me: pensarias tu?
Poderei arriscar vôos mais ousados,
sabendo que és tu que me sustentas:
poderei sair dos meus limites...
Se tu estivesses aqui, anjo da guarda,
saberia quem sou e não poderia mais perder-me.

Esperança

91 Não aceito a destruidora solidão de meu ser sem
raízes, sem proteção, sem futuro.
Não aceito existir sem esperança.
Se estivesse sozinho(a) aqui,
neste misterioso globo que gira na imensidão do infinito;
se não fosses nosso criador, nem pai, nem amigo,
nem quem, num dia distante, me esperasse alhures...
Senhor, minha vida não teria valor algum.
Se assim fosse, me perderia.
Senhor, tu *deves* existir, para que eu possa dizer: vivo!

92 Mônica, que fizeste por teu filho?
Lutaste contra a realidade de sua vida de pecado;
descobriste as garras de teu furor para contar com elas
tua verdade. Por muito tempo, em vão.
A alma de teu filho – Santo Agostinho –
não se deixou tocar.
Quando toda censura, toda repreensão

mostram-se impotentes;
quando são derramadas as tuas lágrimas
e não encontraste mais palavras, de improviso,
Mônica, renunciou toda luta. Simplificada, desarmada,
abandonaste a oração: a maior esperança.
Só agora o milagre se cumpriu: teu filho encontrou a vida.
Peço-te, Senhor, por todas as mães de filhos transviados.
Mães que procuram, que procuram ainda,
contra toda barreira, contra toda evidência.
Peço-te por eles, para que no caminho pedregoso
de sua missão encontrem, na oração, a esperança.
Peço-te para que, no auge de sua luta –
cotidiana e de estresse –,
saibam entregar-se a teus braços e neles
encontrem refúgio e nova força.

93

Não mais sou livre: a doença me domina.
Começou a corroer como um ácido minha alma,
antes mesmo de meu corpo.
Ainda assim, quero recuperar minha liberdade e me insurjo,
e combato com força e revolta.
Tanto que às vezes me parece
que a doença afasta-se diante de minha vontade de viver.
Depois, tudo se acalma e ela retorna,
lenta e impiedosa, a envenenar-me.
Antes de tudo, insinua-se no meu pensamento
e em meu coração e contagia astuciosamente
o tecido de minha esperança.
Não quebra o impulso, não infeta a que surge.
Depois, certamente, tem bom jogo com o corpo,
que não tem armas.

Mas sei que meu corpo pode encontrar
a força para reagir, se a alma resiste.
Dá-me, pois, essa força, Senhor.
Não permitas que nada – nem a renúncia,
nem o cansaço, nem o malogro – mate a esperança
que está em mim. Dá-lhe nova linfa,
que ela seja a minha arma, meu destino...

94 Por todos os que deixam o seu País para recomeçar
vida no nosso, peço-te, Senhor.
Por aqueles que chegaram ao fundo do poço e,
decidindo arrancar suas raízes,
parecem esperar ainda, peço-te, Senhor.
Por aqueles que vendem tudo o que possuem e,
desprovidos de coisas,
enfrentam o desconhecido, eu te peço, Senhor.
Eu sei, não posso fazer nada por eles:
nem lhes dar uma casa, nem um emprego,
menos ainda posso lhes dar esperança, de fato,
posso levá-los a enfrentar uma viagem com riscos
de morte; só a esperança pode lhes dar a força
para romper as ligações com o passado,
para deixar seus queridos, para renunciar sua identidade.
Porque, quando uma criatura perde pelo caminho
o seu nome e sua história, cabe à própria
civilização dar um passo atrás.
Por todos aqueles que vêm para nosso país
à procura de algo que não encontraram em outros
lugares, eu te peço, Senhor: que sua esperança
me contagie e grite a ponto de atingir o âmago
de minha alma. E eu saiba tornar-me casa para eles.

95

Como é fácil deixar as armas! Ceder, deixar-me ir,
não mais lutar, nem dentro nem fora de mim...
Como é fácil dizer: aconteça o que acontecer,
eu me demito, eu abdico,
eu recuso toda responsabilidade.
Estou cansado(a), aceito qualquer resultado,
não me peças mais que lute.
Trata-se de grande tentação rejeitar todo empenho,
fechar-me a duas voltas, renunciar à vida.
É mais fácil apagar o fogo dentro de mim,
do que mantê-lo aceso.
Mas tenho o grande privilégio de ter sido chamado(a)
a este mundo: foi-me dada a oportunidade da vida.
Acolhê-la significa assumir uma responsabilidade clara.
Ora, essa responsabilidade chama-se esperança.
Senhor, dá-me a esperança para que nada do que faço
seja perdido: nem o cansaço, nem o sofrimento,
nem – sobretudo – o amor.
Concede-me a esperança de que toda a minha ação
seja única, irrenunciável e determinante,
bem como minhas escolhas sejam fruto imeditado
e gerado no coração.
Senhor, concede-me o fogo da esperança
que se acenda em mim,
o reconhecimento de viver.

Tempo

Na jardineira do terraço despontou o primeiro gerânio.
O calor de março causou o milagre.
Quantas vezes, inclinada sobre aquele delicado verde,
cheia de espanto e de reconhecimento,
conscientizei-me de que ainda uma vez
a vida canta seu triunfo? Todo ano me espanto,
todo ano agradeço.
No primeiro dia da estação
se repete a prodigiosa magia.
E me parece ser uma só, sempre a mesma – dez,
vinte anos faz e hoje –, inclinada sobre essa germinação,
uma só e sempre a mesma,
a perguntar-me por que a vida morre e renasce,
cheia de candura. Sou sempre
o(a) mesmo(a) e o gesto se repete,
e a germinação delicada e vibrante é sinal
de uma eternidade que vai além de mim.
Tu conheces essa eternidade, Senhor.
E nesse espaço de tempo,
nesse instante que não termina

jamais, eu te ofereço, Senhor, minha vida:
para que a minha passagem pela terra
deixe uma marca de si,
um pequeno sinal de amor e de gratidão.

97

Falta tempo. Não percebes? Devo correr, afobar-me.
Correm os automóveis,
voam muito velozmente os aviões,
corramos todos como piões loucos.
Não há tempo. Onde está o tempo?
É tarde. Amanhã já tarde: o escuro já é o da noite.
Há muita coisa a fazer e já não há mais tempo:
o hoje terminou, o amanhã voará.
Um dia, uma hora... uma vida.
Senhor, por que não me deste mais tempo?
Será que te enganaste? Erraste as contas?
Falta-me tempo para fazer tudo.
Talvez, porém, não devamos fazer tudo.
Talvez devamos fazer só o que tu nos pedes.
E tu nos pedes somente o que podemos fazer.
E nós podemos fazer só o que o tempo nos permite.
Não, não te enganaste, Senhor:
não há necessidade alguma para correr.
Enganados estamos nós, que exageramos por presunção:
o costume, eterno pecado sem perdão...
Senhor, agradeço-te pelo tempo que me concedes.
Ajuda-me a preenchê-lo serenamente com tudo
o que me pedes para fazer,
no tempo que me colocaste à disposição,
e ninguém mais.

98
O tempo corre diante de mim e me marca
com seu sinal indelével. Vês?
Passou um minuto e não sou mais o(a) mesmo(a).
Que fez de mim, nesse meio tempo?
Espera! Espera! Quero voltar atrás! Senhor,
dá-me de novo aquele minuto: desperdicei-o,
joguei-o fora! Já não sou mais o(a) mesmo(a),
apesar de mim...
Que é o tempo?
Uma inépcia. Um sopro.
No curto, luminoso arco desse sopro, toca-me viver.
Semear, construir, colher.
Não posso, de maneira alguma,
permitir-me dissipar nem mesmo um momento:
todo instante é precioso. Senhor,
devolve-me o tempo que perdi...
saberei bem o que fazer dele, agora que me falta!
Torna-me atenta ao passar do tempo,
bem como deslizando embora ele não arraste consigo
minha alma, perdendo-a na inutilidade.

99
Quando vivo um período feliz queria que o tempo
não passasse nunca. Agarro-me ao que tenho
com todas as minhas forças e exatamente agora,
em meu coração, entra em cena o medo.
Mas como, sou feliz e construo para mim a infelicidade?
Sim, a isso me leva a preocupar-me
por perder o que tenho.
Como se pudesse congelar o tempo;
como se pudesse fixar a vida na imobilidade.

A vida, porém, corre: nada é definitivo e firme.
Tudo muda.
Tudo se transforma.
Senhor, peço-te que me dês a força para ajudar
a mudança das coisas, dentro e fora de mim.
Peço-te que me dês a inteligência para entender
quando será o momento de "deixar ir".
E de deixar-me ir na onda do que
não posso interromper.
Levada pelo vento do tempo,
não me oporei em aceitar a transformação natural
que sem cessar acontece em mim, quer queira ou não.
Se aprendo a acompanhar o tempo
sem entrar em atrito com a vida, vencerei o medo,
porque nada do que tenho pode ser
conservado e nada do que deixo pode ser perdido.

100

Ainda hoje nos encontramos, como na Páscoa,
no Natal em ocasiões de qualquer aniversário.
Sentados à mesa, estamos todos.
Sobre a toalha, reina a inconfundível desordem
de um rito consumado: hoje compartilhamos
a comida e a alegria, confirmando os laços
de união afetiva que nos une.
Num canto, os vejo. Reconheço a todos eles,
um por um, jovens e idosos e mentalmente
os chamo pelo nome. São as minhas raízes.
São o futuro. Olho para eles e vejo, entre eles,
quem não mais está presente:
as faltas recentes – as que ainda doem
no coração – e as ausências remotas.

Espero-os e vejo, neles, a multidão que os precedeu
e aquela, desconhecida, que os seguirá.
Uma multidão que se encarna em mim
e em todo o seu passado, em todo o imenso futuro.
Senhor, sou o presente da eternidade.
Torna-me digna da herança que recebi e raiz sadia
por aquelas que virão depois de mim.

GRÁFICA
AVE-MARIA

Esta obra foi composta e impressa na indústria gráfica da
EDITORA AVE-MARIA
Estrada Comendador Orlando Grande, 88
Bairro Gramado – 06833-070 Embu, SP – Brasil
Tel.: (11) 4785-0085 • Fax: (11) 4704-2836